KB261506

어리버리 신입 사원

슈퍼 루키 되는 법

어리버리 신입 사원
슈퍼 루키 되는 법

초판 1쇄 발행일 2015년 6월 5일

지은이 · 김대영
그린이 · 정훈이
펴낸이 · 김종해

펴낸곳 · 문학세계사
주소 · 서울시 마포구 신수로 59-1(121-856)
대표전화 · 02-702-1800, 팩시밀리 · 02-702-0084
mail@msp21.co.kr | www.msp21.co.kr
트위터 @munse_books
출판등록 · 제21-108호(1979.5.16)

값 11,000원
ISBN 978-89-7075-633-2 13000

조금 더 똑똑하게, 조금 더 행복하게, 조금 덜 아프게

어리버리 신입 사원
슈퍼 루키 되는 법

김대영 지음, 정훈이 그림

문학세계사

조금 더 똑똑하게, 조금 더 행복하게, 조금 덜 아프게

장안의 화제였던 드라마 〈미생〉에 유명한 대사가 나온다. '직장이 전쟁터면 밖은 지옥이다.' 지옥보다는 그래도 전쟁터가 견딜 만하지 않느냐는 뜻이다. 이 말은 이 땅의 직장인들에게 위로가 되기보다는 전쟁터로 내몰릴 수밖에 없는 숙명을 대변하는 것 같아 오히려 직장인들의 마음을 무겁게 했다. 직장은 전쟁터가 맞다. 전쟁터는 죽고 죽이는 아비규환의 공포를 고스란히 느껴야 하는 곳이다.

하지만 전쟁터라고 해서 모든 군인들이 죽음의 공포만을 느끼는 것은 아니다. 전쟁터에서도 사랑은 꽃피고 전우애는 더욱 빛을 발하며 나라와 가족을 위해 기꺼이 목숨을 바친 멋진 영웅도 생겨나기 마련이다.

마찬가지로 직장이라는 전쟁터에서 살아가는 모든 직장인들도 죽음의 공포만을 느끼며 살아가지는 않는다. 같은 일도 누군가는 죽을 맛으로, 누군가는 달콤한 꿀맛으로 느낄 수 있다. 그런

차이는 어디에서 오는 걸까? 나는 그 차이가 '의미 부여'에서 오는 것이라고 생각했다. 똑같은 물건도 어떤 의미를 부여하는가에 따라 보물이 되기도, 쓰레기가 되기도 한다. 그렇다면 지금 당신에게 묻고 싶다. 직장은 당신에게 어떤 의미이냐고.

나는 이른바 SKY를 나오거나 해외 MBA를 다녀온 적도 없다. 화려한 학력을 뽐낼 만한 스펙의 사람은 아니다. 요즘의 취업 준비생 기준에서 보자면 내 첫 이력서는 쓸 만한 것이 없었다. 첫 입사를 할 무렵도 IMF가 터진 직후라서 취업이 녹록한 시절은 아니었다. 어쨌거나 나는 작은 인터넷 회사와 언론사를 거쳐 취업 준비생이라면 누구나 염원해 마지않는 대기업에서 10여 년 몸담으며 팀장을 하기도 했고, 지금은 외국계 금융회사에서 임원으로 일하고 있다. 대학 시절 화려한 스펙을 쌓은 것은 아니지만 회사 생활을 하며 하나 둘 쌓은 경력이 지금껏 큰 욕 먹지 않고 나름 행복한 직장 생활을 할 수 있는 원동력이 되어 주었다. 어려움이 없었던 것은 아니지만 돌아보면 나는 남들보다 행복한 직장 생활을 했다고 자부한다. 그럼 왜 나는 남들보다 행복한 직장 생활을 하고 있다고 느낀 걸까? 혹 이유가 있다면 후배들에게 들려주면 어떨까? 하는 생각이 지금 이 책을 쓰게 했다.

나 역시 부족한 점을 보완하고 단련시키기 위해 수많은 자기 계발서를 읽어 왔다. 그런데 하나같이 너무 빵빵한 스펙과 쉽게 이루지 못할 성공을 맛본 저자들의 글은 내게 괴리감을 느끼게 했다. 책의 끝부분에 이르면 어김없이 '그래서 어쩌라고? 다시 태어나기라도 하란 말인가!'를 연발하게 만들었다. 모두 좋은 글, 맞는 말이란 생각을 하면서도 태생이 다른 그들의 이야기에 100% 공감이 가지 않았다. 어쩌면 나는 좋은 스펙을 갖고 있지 않고 또 아주 많이 성공한 사람도 아니니 조금은 더 편안하게 후배들에게 이야기를 들려줄 수 있지 않을까 하는 생각을 했다.

오래전부터 내 동생, 내 후배들에게 내가 사회생활을 하면서 얻었던 것들이나 실수하거나 후회했던, 그래서 내가 터득할 수 있었던 이야기를 해주면 좋겠다고 생각했다. 그래서 여기 있는 글들은 내가 잘한 것을 적어 놓은 것이 아니라 내가 놓치고 뒤늦게 깨달은 부분을 후배들에게 미리 알려 주고 싶은 마음에서 쓴 글들이다. 그렇기에 여느 자기 계발서처럼 아주 잘나가는 사람이, '나는 이렇게 잘났으니까 너희도 한 번 해봐.' 식의 글은 절대 아니다. 여전히 나는 더 배워야 하는 그야말로 미생未生이며, 평범하고 소심한 직장인일 뿐이다.

그렇기에 나는 신입 사원으로 첫발을 내딛는 혹은 사회 초년생으로 아직은 부족한 것들이 더 많을 직장 후배들에게 좀더 솔직하고 나지막이, '그래도 전쟁터에 나왔으니 영웅까지는 아니더라도 기왕이면 즐겁고 재미있게, 칭찬받으면서 행복하게 살아남길 바란다'는 말을 전하고 싶다.

이 글을 쓰는 데 많은 힘을 준 사람, 15년 동안 내 곁을 지켜주고 사랑해 준 아내와 좀더 당당하게 살아갈 수 있게 힘이 되어 주는 아들 라온이, 그리고 아들이 낸 책을 보면 많이 기특해해 주셨을 아버지의 영전에 이 책을 바친다.

2015년 늦봄

김 대 영

조금 더 행복하게

조금 덜 아프게

안녕하십니까? 영업 3팀 배정받은 신입사원 남기남 입니다!
근기가 잡혀있군.
오늘 회식하는거야?
어서와요!
신입사원 남기남
강대리
오과장
이차장
귀엽게 생겼네
김주임
얼마만에 받아 보는 신입이냐~
박부장

조금 **더** 똑똑하게

별명으로 포지셔닝 하라

누군가로부터 내 이름 대신 '어이, 아이디어맨', '악발이 씨', '야, 불도저'라고 불리게 만들어라. 색깔 없고 향기 없고 특징 없는 사람은 앉을 자리가 없을지도 모른다.

보통 포지셔닝은 마케팅 용어로 쓰인다. 포지션position이란 상품이나 서비스 등이 소비자들에 의해 지각되고 있는 모습을 말하며, 마케팅에서의 포지셔닝이란 어떤 제품이 소비자의 마음속에 인식되고 있는 모습 혹은 그것을 위한 여러 활동을 말한다.

사람도 마찬가지다. 내가 사람들에게 기억되길 바란다면 자신을 상품이라 생각하고 포지셔닝에 신경 써야 한다. 포지셔닝은 결국 직장 생활의 꼬리표가 될 것이며, 조직에서 자신의 정체성을 밝혀 줄 중요한 포인트가 된다.

나는 인재를 채용하기 위한 면접 과정에서 지원자에게 '당신의 친구들은 당신을 어떻게 부르냐?'는 질문을 자주 한다. 보통의 지원자들은 친구들이 붙여 준 별명을 답하는데, 이를 잘 들어보면 그 사람이 주변 사람들에게 어떻게 포지셔닝되어 있는지 알 수 있다. 뿐만 아니라 그 사람의 성격이나 성향도 어느 정도 짐작하게 된다. "제 별명은 독사예요.", "저는 또라이라는 말을 많이 들어봤어요.", "저는 인생 상담사라는 말을 몇 번 들었어요.", "장사꾼이요." 등등. 그 중에는 아무 별명이 없다고 말하는 사람들도 더러 있다. 아니 많다. 좋게 말하면 무난한 것이고 나쁘게 말하면 자신만의 개성이 없는, 색깔 없는 사람이라고 할 수 있다.

직장 생활을 하다 보면 업무를 배분하거나 조직을 재정비해야 하는 경우가 많이 발생한다. 이럴 때, '이 일은 A가 하면 잘하겠군', 'B는 이 팀에 어울리는 사람이야' 등의 생각을 리더(또는 인사 관리자)들은 자연스럽게 하게 된다.

그런데 문제는 조금 전에 이야기했던 개성이 없고 색깔이 없는 사람들이다. 대체로 이런 사람들은 결국 누가 해도 아무런 상관이 없는, 중요도가 높지 않은 일을 맡게 될 가능성이 높다. 자신이 원하지 않는 팀에 갈 확률도 높다.

관심 분야를 미리 준비하라

직장인이라면 누구나 하고 싶은 일이 있고 원하는 팀이 있기 마련이다. 물론 신입 사원들은 자신이 원하는 일과 조직을 선택하기가 쉽지 않겠지만, 그렇기 때문에 더더욱 자신의 관심 분야를 미리 준비해야 할 것이다. 나는 어떤 사람으로 포지셔닝 되어 있는가, 혹은 나는 어떤 사람으로 포지셔닝 되면 좋은가를 한 번쯤은 진지하게 생각해 보기를 바란다.

'나는 실행력 하나는 끝내주는 사람'이라고 평가받고 싶다면 자신에게 주어진 일은 악착같이 해내려는 노력이 필요하다. 누가 봐도 힘들겠다고 생각하는 일을 끝끝내 이뤄 내면 그 사람에게는 '실행력이 강한 사람'이라는 평가가 자연스럽게 따라붙는다. 이런 평가가 여러 개 달리면 'ㅇㅇㅇ사원=악착 같은 실행력'이라는 등식이 성립되고, 그로 인해 실행이 어려워도 성과가 나오는 노른자 업무를 맡고 있을 확률이 높다.

만약 '지식이 많은 스마트한 사람'으로 포지셔닝 되고 싶다면 그에 어울릴 만큼 많은 지식을 쌓아야 한다. 회의 시간에 어떤 종류의 이야기가 나오고, 그에 대한 여러 이야기가 오갈 때 당신이 기존에 읽거나 공부했던 것들을, '제가 책에서 봤는데(이럴 때 공신력 있는 출처를 사용할수록 좋다.) 선배님의 아이디어는 이런 이유 때문에 가능성이 있다'라고 의견을 덧붙인다면 사람들의 머릿속에는 'ㅇㅇㅇ=지식이 많은 사람'이라는 공식이 만들어질 것이다. 지식이 많고 똑똑한 사람은 어느 조직에서건 함께하기를 원하는 일 순위 팀원이다.

혹은 '창의적이고 아이디어가 많은 사람'이라고 평가받고 싶다면 역시 창의적이라는 평가를 받을 수 있는 기회를 만들어야 한다. '그래서 제가 생각해 봤는데 이렇게 해보면 어떨까요?'라고 먼저 말할 수 있는 사람이 되어 보라. 그러기 위해서는 상사가 고민하고 있는 문제의 핵심을

빨리 알아채고, 그것을 해결할 만한 좋은 방안들을 미리 생각해 볼 수 있어야 한다.

창의성도 노력의 결과물

나는 직장 생활을 하면서 '아이디어가 많다. 창의적이다'라는 말을 많이 들었다. 많은 사람들이 오해하는 것 중에 하나가 창의적인 사람은 따로 있다는 생각이다. 하지만 그런 소질을 특별히 타고난 사람은 없다. 창의적인 생각을 끄집어 내기 위해 끝없이 노력하는 사람이 있을 뿐이다. 창의적인 사람은 남들보다 훨씬 많은 시간을 문제 해결을 위해 사용한다. 그런데 사람들은 결과만을 보고 창의적이라고 이야기할 뿐이다.

미국의 현대 무용가이자 안무가로 큰 업적을 남긴 트와일라 타프Twyla Tharp는 '창의성은 선천적인 것이 아니라 노력을 습관화하는 데서 나온다'는 말을 남겼다. 결국 창의성도 노력의 결과물이라는 것이다.

'창의적이다', '아이디어가 많다'라는 말을 듣고 싶다면 아이디어 수첩을 만들어 놓고 그때그때 떠오른 생각들을 틈날 때마다 적어 보라고 조언해 주고 싶다. 기회가 날 때마다 귀찮을 정도로 직장 상사와 동료에게 '이런 거 어때? 저렇게 하면 좋지 않을까?' 하고 의견을 제시해 보는 것도 좋다. 이것이 습관이 되면 어느새 당신은 직장에서 아이디어맨으로 통할 것이고 새로운 사업 기획이나 상품 기획 등 중요한 업무를 맡아 하고 있을 것이다.

무일푼에서 4조 원의 기업 가치를 창출한 '버진 그룹'을 있게 한 영국의 괴짜 경영자 리처든 브랜슨Richard Branson은 끊임없는 도전, 창의적 생각, 진취적 행동을 가진 CEO로 유명하다. 그의 별명은 '닥터YES' 다. 긍정적 사고로 늘 새로운 도전에 주저함이 없었고, 그 결과 많은 성공을 이루었다. 구글의 CEO인 에릭 슈미트Eric Schmidt는 10년 이상 구글을 이끌며 혁신 기업으로 만들었다. 그의 별명은 '노련한 조정자'로, 강한 카리스마로 조직을 장악하는 여타의 리더들과는 달리 한 발 뒤에서 조직원들을 따라다니며 필요할 때 힘을 실어 주는 그림자 리더십으로 유명하다.

이처럼 누군가로부터 내 이름 대신 '어이, 아이디어맨', '악발이 씨',

'야, 불도저'라고 불리게 만들어라. 색깔 없고 향기 없고 특징 없는 사람은 앉을 자리가 없을지도 모른다.

포지셔닝은 직장 생활의 꼬리표가 될 것이며, 조직에서의 내 정체성을 밝혀 줄 중요한 포인트가 된다.
『어리버리 신입 사원 슈퍼 루키 되는 법』(문학세계사) 중에서

좋은 업무 평가가 훌륭한 재테크

직장 생활에서 업무 평가를 잘 받는 것이 곧 훌륭한 재테크다. 좋은 평가를 받을 수록 높은 연봉 인상을 보장받는다. 고로 당신이 신입 사원이라면 다른 재테크에 신경쓰기보다 좋은 평가를 받는 것에 더 신경써야 한다.

대부분의 신입 사원들은 정기적으로 월급을 받게 되면서 조금씩 재테크에 관심을 두게 된다. 물론 요즘처럼 학자금 대출을 갚거나 비싼 월세를 감당해야 하는 신입 사원들은 재테크는 아예 꿈도 못 꾼다고 말할 수도 있을 것이다. 그럼에도 어떻게든 월급을 쪼개 저축을 하고 펀드에 가입하고 보험도 들면서 나름 돈을 어떻게 불릴 것인가 재테크를 궁리하게 된다. 나는 신입 사원인 당신에게 재테크는 몇 년 후에나 신경 쓰라고 권하고 싶다. 그리고 그보다 더 좋은 연봉 재테크 방법을 알려 주고 싶다.

보통 회사는 1년 동안의 KPIKey Performance Indicators, 핵심 성과 지표에 근거하여 (물론 팀장의 정성적 평가 지표가 점수와 같은 숫자로 매겨지는 정량적 평가라면, 정성적 평가는 수치화하기 어려운 부문을 평가하는 것으로 상급자의 주관적 판단으로 평가된다. 가 더 중요하게 작용되는 곳도 있다.) 연말에 평가를 내린다. 회사마다 다르겠지만 보통 S, A, B, C 정도로 잘하는 부류(S, A), 중간 부류(B), 일 못하는 부류(C)로 평가가 나뉜다. 대기업에 근무해 온 십여 년 동안 나는 대부분은 S와 A를 받았다. 자랑 같지만 잘하는 축에 속했다. 이 평가에 근거하여 그 다음 해의 연봉 인상률이 결정되는데(이것 역시 회사의 사정과 그해 실적에 따라 차이가 있다.) 보통 S는 10% 이상을 받고, B는 그해 연봉의 평균 인상률(보통 3~5%)을 받게 된다. 물론 누구나 좋은 평가를 받고 싶을 것이다. 그러나 연차가 올라갈수록 팀장의 총애를 받거나 승진을 해야 하는 사람이 있거나 하는 등 여러 가지 이유로 합당하지 않은 평가를 받을 확률이 높아진다. 하지만 신입 사원의 경우만큼은 좀 더 공정하게 평가를 받을 수 있다. 신입 사원은 모두 출발선이 같기도 하거니와 또 팀장의 선입견도 없기 때문에 더욱 그렇다. (물론 입사 초기부터 심하게 찍힌 신입 사원이라면 선입견이 작용할 수도 있다.)

좋은 평가는 높은 연봉을 보장한다

앞서 살펴보았듯이 좋은 평가를 받을수록 높은 연봉 인상률을 보장받는다. 고로 당신이 신입 사원이라면 좋은 평가를 받는 데 힘쓰는 것이 가장 좋은 재테크 수단이라고 말해 주고 싶다. 즉 당신이 3,000만 원의 연봉을 받는다고 가정하면 3,000만 원은 시드 머니*Seed Money*가 된다. 저축을 하건 주식을 하건 굴릴 수 있는 종잣돈 말이다. 그리고 그해 평가에서

어설프게 재테크 같은 건 생각하지 말고
신입 때는 연봉 재테크에 신경 쓰라고"
오물 오물…
…
대학 선배
나 주식에 손댔어…
첫 월급 홀라당 다 날렸네…
이… 바보자식"

S를 받아 10%의 연봉 인상률을 책정받는다면 그것은 1년 동안의 수익률에 해당된다. 그러면 내년에 당신의 연봉은 3,300만 원이 된다. 또다시 다음 해에 S를 받고 연봉이 10% 인상되면 3,300만 원의 10%인 330만 원이 추가되어 이듬해 당신의 연봉은 3,630만 원이 된다. 복리의 마법을 들어봤는지 모르겠지만 이렇게 되면 불과 몇 년 후 당신과 동기는, 1,000만 원 이상의 연봉 차이가 날 수도 있다.

재테크를 하고자 마음먹었다고 해서 누가 나에게 처음부터 종잣돈을 주는 경우도 없을뿐더러 요즘은 금융권에서 2~3%의 수익률을 기대하기도 어렵다. 최근 한국은행이 기준 금리를 연 2%로 동결했다. 당연히 은행들도 예금 금리를 낮추고 있다. 예금 금리 1% 시대가 열린 것이다. 부동산 역시 가격 오름세를 멈춘 지 오래됐다. 저성장 시대가 도래하고 있으며 예전처럼 종잣돈이 있어도 굴릴 곳이 없다. 그야말로 재테크 혹한 기다. 그렇지만 회사는 다니기만 해도 매해 연봉만큼 종잣돈이 생기는 셈이다. 게다가 내가 열심히 한 만큼 많게는 금리의 5배 이상의 수익률을 기대할 수도 있다.

물론 나는 사회 초년생인 당신에게 오로지 좋은 평가를 받고 높은 연봉 인상을 받을 수 있도록 신경 쓰라는 말을 하려는 것이 아니다. 좋은 평가는 원하기만 한다고 해서 받을 수 있는 것도 아니다.

오히려 좋은 평가만을 위해 성과 있는 일만을 좇고 동료들과의 협업을 뒤로 한다면 더 좋지 않은 결과를 만들 수도 있다. 좋은 평가는 일에 대한 순수한 열정과 열정에 맞는 노력의 결과로 자연스럽게 따라오는 것이다. 다만 일이라는 것 자체를 이런 재테크적인 관점으로 바라볼 수도 있으니 신입 사원이라면 또 직장 초년생이라면 좋은 평가를 받기 위해 한 번쯤은 열심히 노력해 보라고 권하고 싶다.

좋은 업무 평가는 연봉과 직결된다. 일이 곧 재테크 수단이다. 직장 초년생은 일을 재테크의 관점에서 바라보고, 일에 몰두해 보라.
『어리버리 신입 사원 슈퍼 루키 되는 법』
(문학세계사) 중에서

아이디어가 모든 것을 이긴다

아이디어는 열정과 지식이라는 두 개의 부싯돌이 만나 일어나는 불꽃과 같은 것이다. 좋은 아이디어는 창의적인 머리에서 나오는 것이 아니라 열정과 지식에 고민의 시간이 더해질 때 나오는 결과물이다.

'아이디어가 모든 것을 이긴다.'라는 구절은 신입 사원 시절 내 좌우명이었다. 세상 물정 모르는 사회 초년병이었지만 그래도 모든 일에는 아이디어가 필요하고 좋은 아이디어가 최고라는 생각을 했던 것 같다. 물론 시간이 흐르고 위치가 달라지면서 아이디어보다 더 중요한 것들이 많다는 것을 알게 되었지만 여전히 좋은 아이디어를 내는 것이 중요하다고 생각한다.

상사들은 신입 사원들에게 신선한 아이디어를 바라게 마련이다. 젊고 순수한 열정의 신입 사원들이 톡톡 튀는 좋은 아이디어를 내줄 수 있을 거라고 기대한다. 상품 아이디어, 이벤트 아이디어, 교육 프로그램 아이디어, 하물며 회식 장소와 오락 프로그램에 대한 아이디어까지 말이다. 이럴 때 항상 차별화된 아이디어를 제공하는 신입 사원이 있다면 상사들의 눈에 띄는 것은 물론 당연히 좋은 평가를 받을 확률이 높다. 신입 사원에게 신규 사업을 맡기거나 신상품을 기획하는 등 능력 밖의 일을 시키지는 않을 것이므로 겁먹을 필요는 없다. 자잘하지만 여러 분야에서 아이디어를 내는 것만으로 당신은 이미 사랑받는 신입 사원이 되어 있을 것이다.

열정 + 지식 = 아이디어

아주 오래 전 신입 딱지를 떼고 어느 정도 안정된 무렵의 일이다. 그냥 얼굴 정도만 아는 옆 부서의 과장님이 내게 와서는 "아이디어가 좋다고 하던데 나한테 아이디어 하나만 내주면 안 될까?"라며 말을 걸어 왔다. 물론 처음엔 내 능력을 인정해 주는 것 같아 어깨가 으쓱했다. 그리고 깜짝 놀랄 만한 아이디어를 내서 더욱 인정받아야겠다는 욕심도 생겼다. 그런데 그 과장님은 자신이 문제를 해결하는 과정에서 생긴 고민을 도와 달라고 하기보다는 내게 자신이 고민해야 할 문제를 던져 주며 무작정 아이디어를 달라고 요구했다. 그러면서 "난 창의적이지 않아서 좋은 아이디어가 떠오르지 않는다."고 했다. 그때 나는 까마득한 후배였지만 무슨 용기에서인지, "과장님은 이 과제에 대해 아이디어를 내려고 얼마나 노력하셨어요? 아이디어는 뚝딱하고 나오는 게 아니에요. 아이디어를 내려면 저도 공부하고 고민을 많이 해요. 혹시 과장님이 그렇게 안 하셨다면 먼저 과장님부터 고민을 해보시고 나서 저한테 도움을 요청해

줬으면 합니다.”라고 말했던 기억이 있다. 아마 그 과장님은 나를 아주 당돌한 사원이라며 괘씸해했을지도 모르겠다.

신입 사원뿐만 아니라 대부분의 직장인들이 자신은 창의적이지 않아서 아이디어를 잘 내지 못한다고 말한다. 하지만 아이디어는 내가 들인 노력에 비례하는 것이지 아무런 노력 없이 거저 얻어지는 것은 아니다.

아이디어는 열정이라는 부싯돌과 지식이라는 부싯돌 두 개가 만나서 수많은 스파크가 일어나고 그 결과로 만들어진 불꽃 같은 것이다. 좋은 아이디어는 열정, 집념, 끈기만으로 되는 것이 아니다. 책을 많이 읽어 지식이 빵빵하다고 되는 것도 아니다. 이 두 가지가 조화를 이루고 거기에 많은 고민의 시간을 투자했을 때 좋은 아이디어가 만들어진다.

팀에서 꼭 해결해야 하는 과제에 대해 아이디어가 필요하다면 과장, 팀장보다 훨씬 더 많은 시간을 투자해서 고민해 보길 바란다. 팀 과제에 나도 반드시 기여하겠다는 열정을 담아 지하철, 버스를 타고 다닐 때는 물론 걸을 때도 밥 먹을 때도 화장실에서도 잠들기 전까지, 심지어 꿈속에서 아이디어가 나올 때까지 노력해야 한다. 분명 투자하고 고민한 시간만큼 아이디어가 생길 것이다.

나는 주로 책을 읽으면서 아이디어를 많이 떠올렸다. 전혀 상관없는 분야일지라도 이런저런 책을 찾아 읽다 보면 또 다른 아이디어가 파생되어 나오는 경우가 많았다. 책을 읽는 것은 머릿속에 지식 창고를 만드는 것과 같다. 창고에 지식이 많이 쌓이면 아이디어는 자연스럽게 튀어나오게 되어 있다. 지식 창고를 가장 효율적으로 만들 수 있는 것은 책을 읽는 것이다. 시간과 돈이 따라 준다면 모든 것을 직접 경험하는 것이 가장 좋겠지만 현실적으로는 불가능하다. 그런 점에서 독서는 오랜 경험으로 축적된 다른 이의 지식을 가장 빠르고 싸게 얻을 수 있는 방법이 된다.

다른 관점에서 재해석하라

창의적인 사람들은 세상에 새로운 것이 없다는 말을 자주 한다. 나도 이 말에 동의한다. 창의적인 아이디어란 전혀 새로운, 세상에 없는 것을 만들어 내는 것일 수도 있지만 기존에 있던 가치들을 결합시켜 새로운 가치를 만들어 내는 것이기도 하고, 또 기존에 있던 가치를 다른 관점으로 재해석한 것이기도 하기 때문이다.

통신사에 다니던 시절, 당시 나는 브랜드 기획팀의 대리였다. 착용감이 가볍고, 디자인이 마음에 들어 자주 차고 다니던 시계의 플라스틱 표면에 흠집이 생겼는데 혹시나 AS를 받을 수 있을까 하고 별 기대 없이 백화점을 찾아간 적이 있었다. 점원이 어떤 용액을 꺼내 플라스틱 표면을 닦았는데, 신기하게도 금세 흠집이 사라졌다. 그때 문득 고객들에게 휴대폰 액정에 생긴 자잘한 상처나 흠집을 없애 주는 서비스를 해주면 우리 회사의 브랜드 이미지가 좋아지지 않을까 하는 생각이 떠올랐다. 팀에 처음 이 아이디어를 말하자 반응이 좋지 않았다. 그럼에도 나는 시간

을 내서 백화점을 다시 찾았고, 그 용액이 당구공을 닦는 폴리싱 용액이라는 사실을 알아 냈다. 세운상가 등을 돌아다니며 국내에 나와 있는 다양한 폴리싱 용액을 구했고, 휴대폰 흠집을 제거하는 서비스를 구상하기 시작했다. 그 때문에 당시 많은 선배들로부터 여기가 무슨 공장이냐는 싫은 소리를 들어야만 했다.

그러던 중 텔레비전 뉴스에서 휴대폰에 엄청난 세균이 번식해 살고 있다는 보도를 보게 되었고, 나는 무릎을 치며 쾌재를 불렀다. 그 보도를 바탕으로 나는 휴대폰 액정에 낀 먼지(예전에는 폰의 외부 액정에 먼지가 잘 들어갔다.)를 제거하는 것에서부터 자외선 살균 제거까지 가능한 '폰 클리닝 서비스'를 만들어 내놓았다.

폰 클리닝 서비스라고 하면 뭔가 거창하게 들리지만 사실은 먼지를 제거하는 에어 콤프레셔Air Compressor와 물컵을 소독하는 자외선 살균기를 합쳐 만든 기계였다. 비록 아이디어의 시작은 미미했지만 이 서비스는 당시 전국 대리점에서 큰 인기를 누렸다. 한 대당 제작비가 몇백만 원이나 되는 폰 클리닝 부스까지 만들어 설치하자, 폰을 세척하고 살균하려는 방문객이 늘고 고객으로부터 좋은 반응까지 얻으며 현장 영업 실적이 오르는 등 한동안 좋은 평가를 받았다.

이렇게 컵 살균용 미니 자외선 살균기가 휴대폰을 살균해 주는 폰 클리닝 서비스가 될 수 있었던 것처럼 회사의 실적을 높이는 유용한 아이디어는 노력을 들인 만큼 무궁무진하게 만들어질 수 있다.

100을 원하면 100 이상을 주어라

모든 것은 기대의 문제다. 당신에게 100을 기대한 상사에게 110이라는 결과물을 준다면 그건 기대 이상, 즉 감동이 된다.

혹시 누군가에게 기대 이상이라는 말을 들어본 적이 있는가? 만약 그런 말을 들어본 적이 있다면 당신은 직장에서 성공할 훌륭한 자질을 갖추고 있는 것이다. 나는 '기대 이상'이라는 말을 좋아한다. 기대 이상이라는 말은 '감동'이라는 말과 동일하기 때문이다.

감동은 기대하지 않은 순간에 나온다. 그래서 기대 이상일 때 감동을 받게 된다. 애인이나 부모님에게 선물을 해서 눈물 흘리게 한 적이 있는가. 그렇다면 그것은 기대 이상의 감동을 전했기 때문이다. 단순한 선물로는 그런 감동을 전하기가 힘들다. 기대하지 않았는데, 기대 이상의 것을 받으면 사람들은 감동을 하게 된다.

모두가 재미있다고 추천한 영화를 본 후 실망한 적이 있을 것이다. 기대가 크면 실망도 크다는 말처럼, 모두가 극찬한 영화를 보고도 별 감흥을 얻지 못했다면 그것은 모두 '기대치' 때문일 것이다.

직장 생활에서도 이 '기대치'에 대한 진실은 똑같이 적용된다. 기대했던 일에 대해 그만큼의 성과를 주지 못하면 상사는 실망하게 된다. 반면 기대도 안 했는데 좋은 아이디어를 내거나 성과를 낸 사람들은 남들보다 더 큰 박수를 받게 된다. 정작 따지고 보면 그 정도까지의 칭찬을 받을 일도 아닌데 말이다.

칭찬받기 좋은 환경

그런 면에서 입사 초기의 당신은 칭찬받기 좋은 환경에 있다는 것을 명심해야 한다. 신입 사원에게 거는 기대는 제한적이고 낮다. 직장 경험도 없고 좋은 성과를 내기에는 아직은 이르다는 것을 모두 알고 있기 때문이다. 하지만 그런 환경이 신입 사원들에게는 오히려 기대 이상의 좋은 결과를 만들어 낼 조건이 되는 것이다.

직장 상사는 당신에게 100이라는 숙제를 주면서 70 정도의 결과를 기대할 것이다. 당신은 신입 사원이니까.

하지만 같은 숙제를 주고도 과장에게는 당연히 100 정도를 해주리라고 기대한다. 이때 당신이나 과장이나 똑같은 90의 결과를 상사에게 보고하면 당신이 승리한 것이 된다.

같은 결과지만 기대치에 따라 당신은 칭찬을 듣고 과장은 질책을 듣게 된다. 그래서 신입 사원은 기대 이상을 할 수 있는 좋은 환경을 갖고 있다는 것이다.

당신에게 처음 주어지는 일이 있다면 그 일만큼은 최선을 다하라고 말하고 싶다. 밤을 새고 동료의 도움을 받아서라도 110을 만들기 위해 혼신의 힘을 쏟아 보라. 100(사실 70인)을 부탁한 상사가 당신으로부터 110이라는 결과물을 받을 수 있다면 그건 기대 이상, 즉 감동이 된다.

기대 이상의 감동을 주라

감동받은 직장 상사가 당신에 대해 침을 튀기며 칭찬하는 것은 당연한 일이다. (상사마다 표현의 수위가 다를 수는 있다.)

이제 당신은 기대 이상의 감동을 준 일 잘하는 사람이 된 것이며, 그런 칭찬에 자신감을 얻어 더욱 능력 있는 사람이 될 것이다. 물론 그 뒤로는 기대치가 높아지므로 이를 조절해 줄 필요가 있다. 바로 기대 관리인데, 가끔은 약간의 엄살을 피우거나 일을 맡기 전에 일 처리가 쉽지는 않을 것이라는 암시를 줌으로써 기대치를 조금 낮춰 놓을 필요도 있다.

기대치를 낮춰 놓으면 같은 결과라도 좋게 받아들일 수 있기 때문이다. 어쨌거나 당신은 신입 사원이고 당신에 대한 기대는 높지 않으므로 노력 여하에 따라 기대 이상의 결과를 충분히 만들어 낼 수 있다.

상사들은 100을 원하는 사람에게 110을 줄 수 있는 사람은 늘 곁에 두고 싶어한다. 그러므로 100을 원하는 사람에게 100을 주지 마라. 반드시

110을 주어라. 그렇지 않다면 상사의 기대치를 100 이하로 떨어뜨려 놓아야 할 것이다.

> 회사는 신입 사원에 대한 기대가 높지 않다. 그러므로 조금만 노력하면 기대 이상의 결과를 만들어 낼 수 있다. 회사에서 100을 원하면 반드시 110을 주어라.
> 『어리버리 신입 사원 슈퍼 루키 되는 법』
> (문학세계사) 중에서

자신감과 자만감, 그 한 끗 차이

자신이 맡은 분야에서 최고라는 자신감을 가져야 하지만 그럼에도 본인 스스로 결코 완벽하지 않다고 여기는 것, 그것이 자신을 더 나은 사람으로 발전시키는 원동력이 된다.

새로 들어온 신입 사원을 보면 자신감이 충만해서 매사에 적극적인 사람이 있고, 약간은 눈치를 보며 소극적으로 자신의 주장을 드러내지 않은 채 숨죽여 사는 사람이 있다. 상사는 둘 중 어떤 사람을 더 좋아할까?

자신감이 충만한 사람은 외향적이고 적극적이며 늘 도전적으로 보인다. 이러한 모습은 신입 사원의 패기를 원하는 부류의 상사들에게는 좋은 모습으로 평가될 수 있다. 하지만 또 반대의 경우에는 '아무것도 모르는 게 뭘 저렇게 나대?'라는 부정적인 시각으로 비춰질 수 있다. 한편 소극적이고 눈치를 보는 신입 사원은 '무슨 신입 사원이 저렇게 눈치만 보고 자기 주장 하나 똑 부러지게 말하지 못하냐?'고 질책을 받을 수도 있다. 하지만 그와 반대로 '아직은 모르는 게 많으니 섣불리 나서지 않는 신중함이 있다.'라고 평가할 수도 있다. 이쯤 되면 '그러면 도대체 어떻게 해야 잘하는 건데?' 하고 따져 묻고 싶을 것이다.

나는 직장 초년생으로서 당신에게 자신감은 갖되 자만감은 버리라고 당부하고 싶다. 당연히 신입 사원이기 때문에 처음부터 자만감을 갖진 않겠지만 회사 생활에 적응하고 나면 숨겨 왔던 본능처럼 자만감을 드러내는 사람들을 많이 봐 왔다.

자만감은 자신의 귀를 막는 치명적인 역할을 한다. 소위 명문대를 나오고, 높은 토익 점수를 받고, 외국에 어학 연수까지 다녀오는 등 누가 보아도 화려한 스펙을 쌓은 사람들은 자신이 남들보다 잘나고, 아는 것이 더 많다고 생각할 수도 있다. 하지만 그런 생각을 밑바탕에 깔고 있으면 남의 이야기, 남의 생각들은 자신보다 한 수 아래에 있다고 생각해 받아들이지 못 하게 된다.

내가 10여 년 동안 회사 생활을 하면서 터득한 자기 발전의 노하우는 바로 '나는 내 분야의 최고지만 늘 부족한 사람이다.'라는 출발점에 있었다는 것이다.

사회에 나와 보면 소위 일류대를 나온 사람들이 이른바 출세할 확률이 높다. 그들은 경쟁에서 이기기 위해 학교에서부터 남다른 노력을 해 온 사람들이다. 그들은 사회에 나와서도 경쟁에서 이길 수 있는 DNA를 갖고 있다. 하지만 좋은 대학을 나왔을지라도 자신의 타이틀에 취해 자만하면 절대 경쟁에서 이길 수 없다. 어느 정도까지는 그 스펙만으로 경쟁력을 갖고 올라갈 수 있지만 자만에 빠지면 결국에는 더 이상 올라가지 못하고 도태되고 만다. 좋은 대학 타이틀만이 크고 중요한 일을 맡을 수 있는 절대 가치가 될 수 없기 때문이다.

자신감은 일에 대한 열정에서부터

내 분야에서만큼은 세상 누구와 경쟁해도 이길 수 있다는 '자신감'을 가져야 한다. 설령 그것이 진실이 아니라 해도 어느 정도의 실력에 다다를 수 있게 도와줄 것이다. 예를 들어 내가 십대를 위한 화장품을 만드는 사람이라면 십대의 피부에 대해서만큼은 전 세계에 나만큼 열정을 갖고 고민하고 연구하는 사람이 없을 정도로 빠져 있어야 한다. 그런 생각과 그에 맞는 실천들이 자신감을 만들고 그것은 맡은 일을 훌륭히 해낼 추진력이 된다.

하지만 그럼에도 늘 자신은 결코 완벽하지 않으며 아직은 부족한 사람이라고 여기는 것, 그것은 나를 더 발전시키는 원동력이 된다. '최고를 지향하지만 결코 완벽한 사람이 아니다.'라는 마음가짐을 가진 사람은 늘 깨어 있으려고 노력한다. 그래서 다양한 의견에 귀 기울이고 마음을 열게 되어 다른 사람의 지식과 경험을 자기 것으로 스펀지처럼 빨아들이게 된다. 자신의 부족함을 인정하는 사람들은 남의 이야기를 경청할 뿐만 아니라 부족한 부분을 채우기 위해 끊임없이 노력한다.

　자신의 경험, 지식, 타이틀에 도취되어 자만에 빠진 사람들은 다른 사람들의 이야기에 귀를 기울이지 않는다. 오직 자신만의 생각이 옳다고 여길 뿐이다.

누구나 완벽하지 않다

　자신이 완벽하지 않다는 것을 인정하는 사람들은 남들보다 더 노력해 부족한 부분을 채우려고 노력한다.

　오랫동안 마케팅을 해왔지만 실제로 나는 마케팅을 전공하지 않았다. 문학을 전공한 내 방에는 원래 소설책과 시집이 더 많았다. 하지만 직장 초년 시절 마케팅 업무를 하면서 마케팅 이론에 대한 부족함을 느껴 닥치는 대로 마케팅 서적을 사서 읽었다. 어느 날 우리 집에 놀러 온 대학 후배는 내 서재에 있는 마케팅 서적들을 보고, 소설책은 다 어디 갔냐며 안타까운 눈으로 책장을 바라봤다.

　난 지금도 내가 늘 부족하다고 생각한다. 새로운 사업, 새로운 마케팅, 새로운 분야의 일을 시작할 때면 책의 도움을 많이 받는다. 물론 각종 블로그나 기사 등 인터넷 속에 숨어 있는 좋은 정보들도 탐독한다.

　나는 당신에게 책을 읽으라고 말하려는 게 아니다. 책을 읽으라는 말은 아마 선생님, 부모님에게 수도 없이 들었을 테니까 말이다. 난 당신이 '나는 늘 부족하다.'라는 생각을 갖기를 바란다. 그래서 모르는 모든 것에 호기심을 갖고 하나하나 알아가는 것에 기쁨을 느끼길 바란다.

오~
자신감 넘치는군!
패기 있어!
…
앗!
너무
자만했군…
그러게
균형잡기
힘드네

자신의 부족함을 인정한다는 것은 그만큼 더 채워지고 발전해 나갈 수 있는 준비가 된 것이다.

최고를 지향하지만 결코 완벽한 사람이 아니라는 마음가짐으로 늘 깨어 있으라. 다양한 의견에 귀 기울이고 마음을 열게 되면 여러 사람의 지식과 경험이 나의 것이 된다.
『어리버리 신입 사원 슈퍼 루키 되는 법』
(문학세계사) 중에서

네 일? 내 일?

여우처럼 자신에게 이익이 되는 일만 챙기는 것은 나중에 해도 충분하다. 회사의 모든 일이 내 일이라 생각하고 협조하며 마당발처럼 뛰어 보길 바란다. 언젠가 모두 되돌려 받을 것이다.

지금 내가 몸담고 있는 회사는 '묻지도 따-지지도 않고'라는 광고 카피로 잘 알려져 있는 곳이다. 하지만 입사 전까-지 회사에 대한 인식은 그 정도가 전부였다. 입사 후에야 이 회사가 220년의 역사를 가진 세계적인 보험 회사의 한국 내 계열사라는 사실을 알게 되었다. 내가 생각했던 것보다 많은 면에서 앞서 있는 회사였다.

인상 깊었던 일은 입사 초기 임원 전체가 모이는 회의 자리에서였다. 여러 가지 사업과 관련된 이야기가 오가던 끝에 사장님께서는 모든 임원들에게 혼자 잘 되려는 이기적 마인드를 버리고 서로 도와 가며 일을 하라는 취지의 이야기를 하셨다. 누구나 흔하게 할 수 있는 이야기라 생각할 수 있지만 개인적으로 겪어 온 CEO들은 늘 위기와 성장, 성과의 강조와 함께 직접적인 표현은 하지 않더라도 부서 간의 경쟁을 자극하는 이야기가 더 많았다. 사실 그랬기 때문에 본부 단위는 물론 팀 간에도 협업이 잘 이루어지지 않았다. 그런데 임원이 모인 회의에서 CEO가 이기적인 마인드를 버리라고 이야기한 것은 내게는 신선한 자극으로 와 닿았다.

남의 일이 아닌 회사일

신입 사원들이 입사를 해서 회사가 하는 일, 팀이 하는 일이 무엇인지 어느 정도 파악하게 되면 업무에 대한 R&R Role & Responsibility, 역할과 책임이나 성과 관리를 위한 지표 같은 것들을 인지하게 될 것이다. 내 업무는 무엇이고, 나는 어떤 목표와 과제들을 통해 성과를 만들고 평가를 받게 될 것인가? 이것이 어쩌면 회사 생활의 전부일 수도 있다. 이렇게 각자 자신만의 일을 갖게 되면 자신이 맡은 일로 좋은 성과를 내는 일만 남았다고 생각할 것이다.

하지만 회사 일이라는 것이 정확하고 보기 좋게 분배가 되지 않는 경우가 더 많다. 어느 땐 내 일을 남이 해줘야 하는 경우도 발생하고 남의 일을 내가 하는 경우도 있다. 그러다 보면 '이건 내 일이 아닌데 왜 내가 이 일을 해야 하지?', '내 일인데 왜 저 팀이 끼어드는 거야?', '성과 나누려고 발 담그는 건가?', '내가 저 일을 한다고 내 성과라고 인정해 줄까?'라는 고민이 생겨날 때가 있다.

회사에서 좋은 평가를 받고 그에 따라 더 높은 연봉을 받고 싶은 것은 인지상정일 것이다. 하지만 단순히 좋은 고과를 받겠다는 목표 하나만으로 회사 생활을 하지는 않아야 한다.

학창 시절 모든 학생이 장학금을 받을 수 없듯 회사에서 모든 직원이 좋은 고과를 받을 수는 없다. 좋은 고과를 받기 위해서는 경쟁이 필수다. 따라서 내가 이루어야 할 성과를 남과 나누지 않아야 하고 남이 하는 일에 도움을 주면 안 된다는 인식이 강하게 생긴다. 그렇게 되면 나만이 목표를 달성하고 좋은 평가를 받으리라는 욕심이 난다. 그런데 이런 생각은 본인 스스로를 더 크지 못하게 만든다. 한두 해는 좋은 고과를 받을 수 있을지 모르겠지만 그 이상의 탁월한 인재로 평가받을 수는 없을 것이다.

나만 좋은 성과를 얻어 내겠다는 생각으로 업무를 하게 되면 나와 남의 일을 구분하게 되고 내 일의 성공에만 집중하게 된다. 그렇게 되면 다른 사람과의 협업이 되지 않는다. 남과의 협업 없이 독자적으로 일하는 직무를 가졌다면 상관없다. 하지만 앞서 말했듯 조직 내에서 역할 분담이 명확하게 나뉘지 않는 순간 나의 성과와 상관없는 일을 맡게 되면 '그건 내 일이 아닌데 왜 내가 해야 하지?', '그걸 내가 해서 얻는 게 뭐지?'라는 생각을 품을 수밖에 없다. 만약 이 고민이 시작된다면 '네 일? 내 일? 모두 회사 일!'이라는 마음가짐으로 모든 일을 대하라고 조언해 주고 싶다. '제한된 시간 안에서 내 일 하기도 바쁜데 내게 돌아오는 이익이 없는 일을, 내가 했다고 성과로 가져갈 수도 없는 일을 굳이 왜 내가 해야 하는가?'라는 생각이 들더라도 말이다.

회사도 이른바 힘 있는 조직과 힘없는 조직으로 나뉜다. 예를 들어 돈줄을 쥐고 있는 부서들은 아무래도 예산을 다루는 업무를 하다 보니 상대적으로 예산을 따내야 하는 부서보다 우월한 위치일 수밖에 없다. 하지만 이런 힘의 논리가 반드시 한쪽의 방향으로만 적용되지 않는다. 상황은 언제나 역전된다. 상품을 기획하는 팀은 새로운 상품이 나오면 광고를 집행하는 팀에게 조금이라도 광고를 더 만들어 달라고 아쉬운 소리를 해야 하지만, 만약 광고팀에서 새로운 광고 소재 문제 때문에 빠른 상품 출시가 필요한 경우라면 반대로 빨리 상품을 출시해 달라는 부탁을 해야 하는 경우도 생긴다.

이렇게 다른 곳으로부터 협업에 대한 요청이 들어왔는데 만약 자신과는 상관없다고 적극적인 도움을 주지 않는다면 그 반대의 상황이 되었을 때 똑같이 도움을 받을 수 없게 된다. 친구들과 밥이나 술을 먹을 때 이번엔 내가 계산했으니 다음엔 친구가 계산하는 것과 같은 상황이 회사에서도 고스란히 발생하는 것이다.

더욱이 당신이 신입이라면 여우처럼 고과만 챙기는 일은 나중에 해도 충분하다. 회사의 모든 일이 내 일이라 생각하고 협조하고 마당발처럼 뛰어 보길 바란다. 언젠가 모두 되돌려 받을 것이다.

가려운 곳을 긁어 주는 사람

필요한 순간에 생각지도 못한 해결 방안을 제시하면 임팩트는 배가 된다. 그런 해결 방안을 제시하려면 늘 조직에 필요한 것이 무엇인지, 상사가 원하는 것이 무엇인지 관심 있게 살펴보려는 노력이 필요하다.

무심코 흘린 상대방의 말 한 마디를 기억하고 있다가 챙겨 주면 감동으로 이어질 때가 많다. 특히 여자들은 예전에 스쳐 지나가듯 했던 말을 남자가 기억하고 있다가 챙겨 주면 감동받는 경우가 많다.

아내와 만난 지 15주년이 되는 기념일에 다이아몬드 목걸이를 선물한 적이 있다. 아내는 그 전에 농담 삼아 '올해 15주년인데 무슨 다이아라도 받아야 하는 거 아냐?'라고 말한 적이 있었다. 나는 그 말을 기억해 뒀다가 깜짝 선물로 목걸이를 선물했다. 아마 아내는 대수롭지 않게 한 자기의 말을 내가 흘려들었을 거라고 생각한 모양인지, 목걸이를 받은 기쁨도 기쁨이지만 자신의 말을 기억해 준 것에 대해 더 고마워했다.

적절한 선물은 상대방에 대한 관심의 크기가 어느 정도인지를 보여 주는 척도가 된다. 평소 상대방이 필요로 하는 것이 무엇인지 알아 내려면 그만큼 많은 관심을 가져야 하기 때문이다. 무엇을 선물해야 할지 도저히 모르겠다면 그것은 상대방을 잘 모르고 있다는 의미다. 모른다는 것은 관심이 없다는 것과 별반 다르지 않다.

상대방의 마음을 헤아려라

회사에서도 상대방의 마음을 헤아리는 것은 똑같이 중요하다. 직장 상사의 가려운 곳이 어디인지, 상사가 무엇을 원하는지 파악하는 것은 직장 생활을 잘할 수 있는 필요 조건이 된다. 어느 정도 연차가 있다면 단도직입적으로 물어볼 수도 있다. 하지만 신입 사원에게 이러한 시도는 무척 힘든 일이며 또 대부분의 상사들은 본인이 원하는 것이 무엇인지 정확하게 말해 주기 어려울 때가 더 많다. 때문에 상사가 원하고 필요로 하는 것을 스스로 파악해야 한다.

어쨌든 조직에는 조직마다의 미션이 있고 그때그때 수행해야 할 과제들이 계속해서 생겨나기 마련이다. 하지만 과제가 있다고 해서 팀장이나 상사가 신입 사원인 당신에게 직접 과제에 대해 이야기하지는 않을 것이다. 상사가 신입인 당신을 앞에 두고 하소연할 리는 만무하다. 결국 자기 스스로 상사의 고민을 알아 내지 못하면 정보로부터 소외되고 과제에 기여할 수 있는 기회조차 얻지 못한다. 물론 아주 분명하게 해야 할 과제가 주어진다면야 더할 나위 없이 좋겠지만 혹시 그렇지 않다면 늘 여러분의 상사가 무엇 때문에 고민하는지 애인의 고민을 파헤치듯 귀를

쫑긋 세우고 오감의 안테나를 드높이 세워야 한다.

회의 시간에 참석할 수 있다면 가장 좋겠지만 그런 기회를 잡지 못한다면 다른 방법으로 상사들이 고민하는 지점을 찾아내야 한다. 그러기 위해서는 최대한 상사의 동선을 파악하고 그들의 동선에 함께하며 대화에 참여하려는 노력이 필요하다. 그러다 보면 '아, 그걸 어떻게 해결해야 하지?', '이사님은 왜 그런 걸 우리한테 시켜서 이 고생이냐?'라는 말들을 듣게 될 수도 있다. 그럴 때 재빨리 고민 지점이 무엇인지 궁금한 듯 슬쩍 물어보면서 가려운 곳을 파악하면 된다. 그리고 어느 정도 문제를 파악했다면 틈나는 대로 나름의 해결 방안을 고민해 봐야 한다. 완벽하지는 않더라도 해결 방안이 나왔다면 상사에게 슬며시 다가가 '제가 혹시

라도 도움이 될까 틈나는 대로 고민을 해봤는데'라며 상사에게 고민의 흔적을 보여 주길 바란다.

그것이 상사의 고민을 풀어 줄 해답이라면 더 좋겠지만 그렇지 않더라도 상사는 당신이 자신의 고민을 함께해 준 것에 대해 엄청나게 고마움을 느낄 것이다. 더불어 당신을 믿음직하고 훌륭한 막내라고 생각할 것이다.

인간은 완벽하지 못한 존재다. 하는 일마다 잘한다고 칭찬을 받을 수는 없다. 하지만 정말 필요한 순간에 생각지도 못한 해결 방안을 제시하면 임팩트는 배가 된다. 그런 해결 방안을 제시하려면 늘 조직에 필요한 것이 무엇인지, 상사가 원하는 것이 무엇인지 관심 있게 살펴보려는 노력이 필요하다.

가려운 곳을 긁어 주는 사람, 효자손 같은 신입 사원이 되어 보는 것은 어떨까?

욕심과 사심

개인의 이익이 아니라 조직의 이익, 눈앞의 작은 이익이 아니라 미래를 내다보는 눈으로 일할 때 그 회사는 잘될 수밖에 없다. 그런 사람들이 많아질수록 해피 바이러스가 퍼지듯 조직 전체가 행복할 수 있다.

직장 생활을 하다 보면 다양한 사람들을 만나게 된다. 직장이라는 곳 자체가 이 세상의 축소판과 다름없으므로 그만큼 다양한 캐릭터가 존재할 수밖에 없다. 그렇기에 사람의 성향을 딱 잘라 구분하기는 쉽지 않다. 그럼에도 불구하고 누군가가 내게 직장에서 꼭 필요한 사람의 유형을 나누어 보라고 한다면 나는 주저 없이 일에 욕심 있는 사람과 사심 있는 사람으로 나눌 것이다.

순수한 열정에서 오는 일 욕심

우선 일에 욕심이 있는 유형이다. 여기서 중요한 것은 일 욕심이라는 것 앞에 '순수한'이라는 수식어가 하나 붙어야 한다. 순수한 일 욕심이 있는 사람들은 대부분 회사에서 긍정적인 평가를 받는 사람들이다. 이들에게 있어 일에 대한 욕심은 열정에서 비롯된다. 물론 일을 잘해서 칭찬받고 성과를 내서 인정받고 싶은 것은 당연한 일일 것이다. 일을 하는 것이 봉사 활동과는 다르니까 말이다. 이들은 일이 주어지면 거부하지 않고 어떻게든 자신이 맡아서 성과를 내보려고 한다. 남들이 꺼려하는 일, 굳이 성과가 크게 나오지 않는 일이라 해도 묵묵히 자신의 일로 받아들인다. 그러다 보니 이런 사람들은 남들보다 더 오랜 시간 일하는 경우가 많아 본의 아니게 워커홀릭이라는 말을 듣게도 된다. 어쨌거나 일에 욕심이 있는 사람들은 조직에서 인정을 받거나 상사에게 반드시 필요한 사람으로 평가받는다.

자기 욕심만 채우려는 것은 NO

일에 대해 욕심을 내는 것은 같지만 그것이 어떠한 마음 상태에서 비롯된 것인가에 따라 매우 큰 차이를 보일 수도 있다. 욕심이 아닌 사심을 갖고 일하는 유형이 있다. 그들은 순수한 열정이 아니라 자신의 이익을 먼저 채우려는 마음에 적극적으로 일을 한다. 이런 유형의 사람들은 어느 조직에서나 존재한다. 보통 이들은 회사 내에서 일을 잘하고 꽤 능력 있는 사람으로 포지셔닝 되어 있다. 그러나 이 사람들은 회사에 도움을 주거나 조직에 도움이 되지 않는다. 남을 배려하는 것은 안중에 없고 오직 자신의 성공만을 위해 소위 티를 낼 수 있는 일에만 집중한다. 이들은 성과가 눈에 드러나지 않는 일은 맡으려 하지 않는다. 내 성과가 남의 성

과가 될 가능성이 있다면 애초부터 발을 들여놓지도 않는다. 조직의 이익이나 상황은 고려하지 않은 채 자신이 가져갈 수 있는 게 무엇인지만 판단하고 일에 달려든다. 이들은 자신에게 공이 오고 성과가 잘 드러날 수 있는 일을 맡기 위해 늘 기회를 노린다. 그래서 겉으로 보면 이들은 능력 있는 사람으로 보일 수 있다.

그런데 사심을 갖고 일하는 사람은 아무리 일을 잘한다고 해도 그저 일 잘하는 사람일 뿐, 동료를 이끌고 더 큰 위치로 올라가는 데는 한계가 있다. 어느 정도까지는 인정받을 수 있겠지만 중요한 순간에 자신을 도와줄 사람이 없기 때문이다. 뿐만 아니라 순수한 열정으로 열심히 일해 높은 자리에 올라선 상사들은 이들의 습성을 모두 알고 있다. 자신의 개인적 성과만을 챙기기 바쁜 사람에게는 더 큰 일과 더 큰 조직을 맡길 수 없다는 것도 분명히 알고 있다.

미래를 내다보는 눈을 길러야

안타까운 것은 앞서 이야기했듯이 사심을 갖고 일하는 사람이 일을 못하는 사람이 아니라는 점이다. 나는 신입 사원이 들어오면 그들에게 순수한 열정으로 일을 해 나가라고 조언한다. 일 잘하는 사람들이 조금 더 순수한 열정으로 개인의 이익이 아니라 조직의 이익, 눈앞의 작은 이익이 아니라 미래를 내다보는 눈으로 일할 때 그 회사는 잘될 수밖에 없다. 그런 사람이 있으면 해피 바이러스가 퍼지듯 조직 전체가 행복해진다. 하지만 사심을 갖고 있는 사람들이 인정받는 조직은 역시 조직 전체가 그런 사람들로 가득 차게 되고 서서히 붕괴될 수순을 밟게 된다.

그래도 다행스러운 것은 사심 없이 조직을 위해 일하는 사람이 더 많다는 것이다. 또 신입 사원들은 대부분 그런 마음가짐으로 일을 시작한다.

　나는 신입 사원인 당신이 순수한 열정으로 일하기를 바란다. 시간이 지날수록 과한 욕심들로 처음의 마음이 변질되지 않게 스스로를 경계하면 좋겠다. '세 살 버릇이 여든까지 간다'는 말처럼 처음 일을 배우면서 가진 열정을 끝까지 잃지 않기를 바란다. 머리가 시키는 일을 하기보다 가슴이 시키는 일을 하는 법을 배워 보길 바란다.

사심을 버리고 회사 일에 대한 욕심을 부려라. '순수한' 열정으로 일 욕심을 부리는 것은 능력으로 인정받는다. 사심을 갖고 일을 하는 것과는 다르다.
『어리버리 신입 사원 수퍼 루키 되는 법』
(문학세계사) 중에서

정보원이 되라

경쟁사의 고객이 되어 보건, 의도적으로 인맥을 형성하건, 혹은 인터넷을 돌아다니며 수집을 하건, 어떤 방법으로든 상사가 모르는 정보를 찾고 그 정보에 본인의 인사이트를 넣어 제공해 보라.

직장 생활을 하는 사람이라면 누구든 상사에게 꼭 필요한 사람이 되고 싶을 것이다. 그렇다면 상사들은 어떤 사람을 좋아할까? 시킨 일만 잘하는 사람을 좋아할 수도 있고, 시킨 일은 안 해도 상사가 생각하지 못한 일을 찾아하는 사람을 좋아할 수도 있을 것이며, 맡긴 일을 칼처럼 완벽하게 처리해 주는 이를 좋아할 수도 있을 것이다.

여러분은 어떤 종류의 사람인가? 그리고 어떤 일을 잘할 수 있는가?

사회 초년생인 당신은 아직 일 처리가 능숙하지는 않을 것이므로 상사에게 인정받기 위해 다른 방법을 찾아보아야 할 것이다. 그 중 상사의 눈도장을 받을 수 있는 가장 손쉬운 방법 중 하나는 필요한 정보를 주는 사람이 되는 것이다.

여러 방면에서 상사는 더 많은 정보를 이미 갖고 있거나 얻을 수 있는 통로를 확보하고 있을 것이다. 하지만 모든 정보를 다 소유할 수는 없다.

정보의 질에 따라 차이가 있겠지만 내가 모르고 있는 정보를 알려 주는 사람은 고맙다. 더군다나 직장에서 일을 진행하는 데 도움이 되는 정보를 주는 사람만큼 능력 있어 보이는 사람도 없다.

경찰이 나오는 범죄 영화를 보면 늘 '정보원'이 등장한다. 경찰이나 기자들에게는 정보 자체가 자신의 밥줄을 지켜주는, 때에 따라서는 특진과 특종을 만들어 주는 보물과 같다. 그래서 그들은 위험과 어려움을 무릅쓰더라도 정보원을 만들어 놓는다.

경쟁사의 정보를 확보하라

여러분이 하는 일이 만약 치열한 경쟁 관계에 있는 산업군이라면 경쟁사의 정보만큼 필요한 것도 없을 것이다. 꼭 경쟁이 치열한 산업에만 정보가 필요한 것은 아니다. 시장의 흐름, 고객과 관련된 새로운 트렌드, 관련 업종에서의 소문, 정부의 정책 변화, 해외 시장의 최신 데이터 등 꼭 필요하고 활용할 만한 정보는 많다. 여러분의 상사는 보통 30대 중후반에서 40대 정도일 것이다. 그들은 여러분보다 많은 인맥과 경험을 통해 다양한 정보를 얻고 있을 것이다. 그러면 그런 상사에게 당신이 줄 수 있는 정보들은 어떤 것이 있을까?

우선 상사가 얻고 있는 정보의 원천이나 통로를 잘 살펴보고 현재 팀이나 부서에서 필요한 정보들이 무엇인지 파악하는 것이 필요하다.

앵~…
탕! 탕!
경쟁사
스파이다!
…

앞서 언급한 것처럼 경쟁이 치열한 곳이라면 경쟁사의 정보를 가져다 주는 것이 가장 필요하다. 만약 대학 친구나 선후배들이 경쟁사와 관련된 곳에 근무한다면 정기적인 만남을 통해 서로의 사업에 피해를 주지 않는 선에서 정보 교류를 하는 것도 방법이 될 수 있다. 만약 현재의 산업군이 온·오프라인을 통해 직접 고객을 만날 수 있는 분야라면 스스로 경쟁사의 고객이 되어 제품을 사용해 보거나 대리점, 매장 등을 찾아가 정보를 수집할 수도 있다. 인터넷이나 모바일 등으로 서비스를 제공한다면 역시 늘 해당 서비스의 변화를 파악하고 있어야 한다.

만약 당신이 상사보다 영어에 능통하고 원하는 정보 자체가 최신 트렌드와 관련된 것들이라면 '구글링'을 통해 정토를 모으는 방법을 추천하고 싶다. 구글 검색은 전 세계에 숨어 있는 유용한 데이터를 모으는 가장 좋은 방법이다. 영어 실력이 뒷받침되면 상사가 모르고 있던 양질의 정보를 찾고 이를 의미 있게 해석하여 제공할 수 있다. 인터넷을 검색해 보면 구글 검색을 잘할 수 있는 방법을 알려 주는 포스팅도 많으므로 이를 활용해 보길 권한다.

통신사에 다니던 시절, 지금은 거의 사라졌지만 예전에는 임직원 추천 판매라는 이름으로 휴대폰의 가입자를 늘려야 하는 일이 종종 있었다. 가족만으로는 각자에게 할당된 가입자를 채우기가 어려웠다. 당시엔 온라인 카페 등을 통해 다양한 종류의 동호회가 활성화되고 있었는데 나는 다양한 종류의 동호회에 가입하고 활동을 했다. 인맥을 늘리는 방법으로는 제격이었다. 의도를 갖고 사람을 만나는 것은 좋지 않지만 어쨌든 동호회 활동 몇 달 만에 다수의 사람들과 친해지게 되었고 수십 대의 할당량도 쉽게 처리할 수 있었다. 그러나 할당량이나 채우려는 처음의 목적과 달리 나는 동호회 활동을 통해 다양한 분야에서 일하는 사람들을 만날 수 있었고, 그들과 어울리며 서로의 분야에 대한 소식이나 정보들을 교류할 수 있었다. 그들과의 지속적인 만남은 사무실에만 있어서는 결코 얻을 수 없는 정보들을 얻거나 제휴 마케팅을 할 수 있는 기회로 이어졌다.

경쟁사의 고객이 되어 보건, 의도적으로 인맥을 형성하건, 혹은 인터넷 서핑을 통해 수집을 하건, 어떤 방법으로든 상사가 모르는 정보를 찾고 그 정보에 본인의 인사이트를 넣어 제공해 보길 바란다. 가치 있는 정보는 그 어떤 것보다 큰 경쟁력을 가질 수 있다.

누구와 오래 일할 것인가?

정말 잘 보여야 할 사람은 팀장이나 임원이 아니라 당신과 몸을 부딪치며 옆에서 함께 일하는 사람들이다. 그 사람들이야말로 당신을 돋보이게 만들어 줄 사람들이다.

남들보다 조금 늦게 군대에 입대한 까닭에 이등병 시절 내 바로 위에 있던 고참은 나보다 나이가 한참 어렸다. 군에서는 나이보다 계급이 더 중요하니 나는 당연히 고참의 명령에 대체르 잘 따랐다. 하지만 고참은 자기보다 나이 많은 후임이 못내 불편했던 모양이었다. 어느 날 무엇 때문에 화가 났는지 그는 내게, "내가 우습게 보이냐? 병장 말만 들려? 누구랑 오래 근무하는지 잘 생각해. 병장이 잘 해주니까 뵈는 게 없지?"라며 불편한 심기를 드러냈다.

아무 생각도 없이 그저 높은 계급의 명령이 더 구서웠던 시절, 그의 말은 엄청난 무게감으로 다가왔다. 맞다. 오래 있어 봤자 병장은 고작 몇 개월 뒤에 제대를 하겠지만 바로 위 고참은 앞으로 더욱 많은 시간을 나와 함께 보내야 할 사람이었다. 그 후 내가 나이 어린 고참을 신처럼 떠

누구와 오래
지낼지 잘 생각해.
…
누구와
오래 일할지
잘 생각해.
…
누구와
오래 사는지
잘 생각해.
어머님
드려.
…

받든 건 당연했다.

사회 생활도 이와 별반 다르지 않다. 이직이 잦은 환경의 회사라면 2~3년 안에도 많은 사람이 들고 나지만 오래 일할 수 있는 환경의 회사는 평균 근속 연수가 10년을 넘기도 한다. 회사나 사람에 따라 다르겠지만 한 회사에서 10년, 20년 이상 동료들과 보내는 경우도 많이 있다.

회사에는 임원들이 많은 책임을 지고 있는 동시에 그에 맞는 권한도 갖고 있다. 인사에 대한 권한도 그 중에 하나다 보니 임원의 지시를 잘 따르고 임원에게 잘 보이기 위해 행동할 수밖에 없다. 하지만 많은 권한을 갖고 있는 절대적 능력과는 별개로 임원의 임기는 길지 않다. 임원이라는 말이 '임시 직원'의 준말이라는 소리가 괜히 나온 것은 아닌 듯하다. 한 컨설팅 업체가 2010년 조사한 '국내 100대 기업 퇴직 임원 현황 분석'을 보면 임원 승진 1년 만에 17.35%가 퇴직하고, 15.48%는 2년 만에 퇴직한다. 전체 임원의 30% 이상이 승진 뒤 3년을 못 버티는 것이다.

권력은 달콤하나 영원하지 않다

짧은 생명임에도 불구하고 어쨌거나 임원은 많은 권한을 갖고 있다. 때문에 산하의 직원들은 그들의 지시는 물론이고 어떻게든 눈에 띄기 위해 소위 '아부'를 통해 마음을 얻기도 한다. 오래 전 함께 일한 팀장님은 늘 윗사람만 모시는 상향 지상주의자였다. 부하 직원들과는 술자리 갖는 시간조차 아꼈지만 임원들과 친분을 쌓는 술자리는 마다하지 않고

쫓아다녔다. 그런 팀장님이 하도 안타까워 충언을 한 적이 있었다. 대략 '지금 팀장님은 위에 계신 분들이 승진시켜 줄 거라고 믿고 있으시지만 결국 팀장님을 돋보이게 만들고 힘을 실어 줄 사람은 밑에 일하는 사람들이다'라는 내용이었던 것 같다. 물론 오랜 시간의 사회 생활에 닳고 닳아 나름의 옹벽 같은 철학을 만들어 놓은 팀장에게 그런 충언이 제대로 역할을 하지는 못했을 것이다.

높은 권력에 기대는 것은 그만큼의 달콤함이 있다. 하지만 그 단물은 영원하지 않다. 단물 빠진 껌은 언젠가 버려질 수밖에 없는 것처럼 말이다. 남의 힘에 기대어 그 권력을 내 것인 양 착각해서는 안 된다. 직장에서 진짜 권력, 진짜 힘은 자신의 능력뿐이다. 실력을 통해 높은 분들에게 인정받는 것은 당연히 필요하지만 실력 이외의 것으로 잘 보이려는 노력은 하지 않아도 된다. 실력 아닌 아부는 오래가지도 않을뿐더러 비빌 언덕도 마냥 그 자리를 지키지 못한다. 언젠가는 허물어지기 마련이다.

정말 잘 보여야 할 사람은 당신과 몸을 부딪치며 옆에서 함께 일하는 사람들이다. 그 사람들이야말로 당신을 돋보이게 만들어 줄 사람들이다. 직장 초년생인 당신이 받들어야 할 사람은 저 멀리 높은 자리에 계신 분들이 아니다. 시간이 지나면서 당신의 인생에 가장 큰 도움을 줄 수 있는 사람은 당신의 바로 위 사수나 동료 또는 앞으로 들어올 후배인 것이다.

칭찬받지 마라

칭찬을 받으려 하기보다 오히려 롤모델이 될 만한 상사를 본받으려고 노력하다 보면 자연스레 그들의 장점을 파악하고 배우게 될 것이다. 그렇게 하다 보면 언젠가 자신도 자연스레 칭찬받는 사람이 되어 있을 것이다.

'칭찬은 고래도 춤추게 한다'라는 말이 있다. 비단 이런 말이 아니더라도 많은 이들이 칭찬의 중요성을 실감한다. 칭찬의 효과에 대한 책이나 심리학자들의 실험도 있고 칭찬을 효과적으로 하는 방법론들도 많이 제시되어 있다.

윗 직급에 오르고부터 나는 내가 이끌어 줘야 하는 사람들이 다른 사람들로부터 칭찬받을 수 있도록 도와주기 위해 노력해 왔다. 물론 나부터 먼저 칭찬할 부분을 찾아내고 그들이 더 성장할 수 있도록 의도적으로 칭찬을 아끼지 않았다.

'고기도 씹어 본 놈이 맛을 알고 사랑도 받아 본 놈이 준다'는 말처럼 칭찬 역시 받아 본 사람이 더 잘하게 되어 있다. 하지만 우리 사회는 여전히 칭찬에 인색한 듯하다. 자신이 칭찬을 받아 본 기억이 없으니 다른 사람에게도 칭찬을 잘하지 못하는 것은 어쩌면 당연한 일인지도 모른다. 하지만 갈수록 칭찬에 대한 긍정의 효과들이 나오고 있고, 칭찬을 많이 받고 자란 새로운 세대가 등장하고 있으니, 머지않아 칭찬의 선순환이 정착되는 시대가 오지 않을까 기대가 된다.

여러분은 '칭찬'과 관련해 어떤 종류의 사람인가? 칭찬을 많이 받아 본 사람, 칭찬을 받아 보지 못한 사람, 칭찬을 잘하는 사람, 아니면 칭찬에 인색한 사람?

먼저 상사를 칭찬하라

직장인으로 살아가면서 칭찬을 받고 싶으면 어떻게 해야 할까? 칭찬을 잘하는 상사를 만나는 것이 최선의 방법일 테지만 우선 본인 스스로 칭찬받을 수 있는 일을 해야 할 것이다. 하지만 그보다 더 좋은 방법은 칭찬을 받으려고 하지 말고 오히려 본인이 상사를 칭찬하는 것이다.

신입 사원이 상사를 칭찬하라니, 도대체 무슨 소린지 어리둥절할 것이다. 칭찬이라는 것이 누군가를 평가하고 그것에 대해 주는 좋은 피드백이기 때문에 후임이 선임을 칭찬하는 것은 낯선 일일 수 있다. 그렇지만 칭찬의 사전적 의미는 '좋은 점이나 착하고 훌륭한 일을 높이 평가하는 일'로, 그 어디에도 윗사람이 아랫사람에게 해야 한다는 해석은 없다. 고로 신입 사원인 여러분은 칭찬을 받으려고만 하지 말고 칭찬을 하는 사람이 되라고 말해 주고 싶다. 이는 결국 칭찬받을 수 있는 방법과 다르

칭찬은 고래도 춤추게 한다는데
부장님 칭찬할게 뭐가 있는지 찾아보자!
역시 부장님! 매주 등산 하셔서 그런지 스태미너는 우리 부서에서 최고죠!
그래?
저도 산행 좋아해요~
같이 등산가자고 할줄은 몰랐어…
하아… 하아…
자네 체력은 저질이지만 매주 안 빠지고 나오는 성실함은 칭찬할만 해!

지 않다.

우선 여러분이 상사를 칭찬해야겠다고 생각하면 무엇부터 시작해야 할까?

애정과 관심을 갖고 장점을 파악해야

칭찬을 한다는 것은 사람에 대한 애정과 관심이 없으면 불가능하다. 질책과 꾸중은 일이 잘못된 즉시 알아차릴 수 있지만 칭찬은 관심을 두지 않으면 잘 보이지 않는다. 그래서 처음으로 해야 할 일은 상사들이 무엇을 잘하는지 유심히 애정을 갖고 관찰하는 것이다. 칭찬을 하겠다고 마음먹으면 그들이 잘하는 것이 무엇인지 보일 것이다. 능력이 있건 없건 당신의 상사들은 당신보다 회사 생활을 오래했을 것이므로 자신들만의 업무 노하우를 비롯해 배울 점들이 두루 있을 것이다. 여러분이 상사를 칭찬하기 위해 그들의 장점을 찾아내려고 노력하다 보면 자연스레 선배들의 장점을 배우게 될 것이다.

"대리님은 엑셀을 무척 잘하세요. 그래서 엑셀과 관련된 문서는 대리님이 맡고 계셨던 거군요."

"과장님은 회의 시간에 아이디어를 많이 내시는것 같아요."

"선배님은 누가 시키지 않아도 팀의 대소사를 모두 챙기시는군요." 등등.

이렇게 상사를 칭찬하려고 노력하다 보면 자연스레 그들의 장점을 파악하게 되고 그 장점들을 저절로 체득할 수 있거 된다. 그렇게 따라 하다 보면 언젠가 자신도 칭찬받을 수 있는 사람이 되어 있을 것이다.

상사들의 장점을 파악했다면 마음속으로만 생각하지 말고 기회를 만들어 실제 칭찬하는 것이 좋다. 물론 상사를 칭찬해야 하므로 자연스러운 기술이 필요하다.

"대리님, 저 엑셀 좀 가르쳐 주실 수 있어요? 대리님은 정말 엑셀의 천재 같아요."

"과장님, 저도 과장님처럼 아이디어를 잘 내고 싶은데 잘 안 돼요. 무슨 방법이 있을까요?"

이런 식으로 칭찬을 하면서 그들의 노하우까지 배울 수 있다. 칭찬을 듣고 기분 나빠할 사람은 아무도 없다. 당신의 칭찬에 기분이 좋아진 상사는 자신들의 노하우를 기꺼이 가르쳐 줄 것이며 당신은 예쁨 받는 후배가 되어 있을 것이다. 그러니 칭찬을 받으려고 하지 말고 먼저 칭찬을 해 보라.

성공을 상상하라

어떻게 성공할지 방법을 생각하기보다 성공의 결과를 먼저 상상하라. 그런 결과나 성과를 이루기 위해 내가 반드시 해야 할 것은 무엇인지 정리하면서 아이디어를 구해 보라.

신입 사원이라 해도 3개월 정도 지나면 하나 둘 비중 있는 업무를 맡을 수 있다. 물론 독자적인 프로젝트는 아니겠지만 팀에 따라서는 어렵거나 무겁지 않은 선에서 일들이 주어질 수 있다. 일이 주어지면 분명 잘 해내고 싶은 마음이 생긴다. 이것은 신입 사원뿐만 아니라 이 땅의 모든 직장인이 마찬가지다.

맡겨진 일의 종류에 따라 차이가 많이 날 수 있겠지만 어떤 일을 성공적으로 마무리하고 싶다면 '성공 상상 프리젠테이션'을 해 보라고 권하고 싶다.

언제부터 이것을 했는지 잘 기억은 나지 않지만 주어진 업무를 시작할 때 나는 이것을 한 번씩 해본다. 업무를 좀더 잘 해내는 데 있어 '성공 상상 프리젠테이션'은 내게 꽤 괜찮은 효과를 가져다 주었다.

이 과정은 업무를 맡은 다음 본격적인 시작에 앞서 진행해야 한다.

구체적으로 상상하라

내용은 이렇다. 우선 하루 이틀 정도의 시간을 투자하여 최대한 몰입을 해야 한다. 몰입을 하면서 아주 구체적인 상상을 시작해야 한다.

나는 내게 주어진 모든 업무를 끝냈다. 그것도 아주 잘했고, 성공적이라는 평가를 받았다. 많은 상사들에게 칭찬을 받고 덕분에 연말 성과 공유회를 통해 나의 성공 스토리를 발표하게 되었다. 내가 맡은 일에 대한 성과를 어떻게 만들 수 있었는지를 발표하는 것이다.

이 정도가 좀 약하면 방송 등에서 인터뷰를 하거나 수천 명의 대학생 후배들에게 강연을 한다고 생각해도 된다.

위의 상상처럼 일을 시작하지도 않았지만 성공했다는 가정을 통해 성공의 요인들을 먼저 생각해 내는 것이다. 과정에서 시작하여 결과로 가는 것이 아니라 거꾸로 결과를 가정하고 그것을 만들기 위해 내가 해야 할 것들을 역순으로 정리하면서 아이디어를 구해 보는 것이다.

당신은 연단에 서서 파워포인트 문서를 보면서 자신이 일을 어떻게 성공적으로 완수했는지 설명해야 한다. 많은 동료와 상사들 앞에서 성공 요인을 무엇이라고 말할 것인가? 어떤 내용을 발표해야 청중들이 고개를 끄덕이며 탄성을 자아낼 것인가? 목표와 목적을 명확히 떠올려 본다. 그리고 그 목표와 목적을 달성하기 위해 사용했을 방법들을 생각해 보는 것이다.

처음 제게 맡겨진 일의 목표치를 보고, 이 정도면 할 만한 일이라고 생각했습니다. 그런데 이 정도의 목표라면 그저 그런 성공밖에는 되지 않을 거라고 생각했습니다. 저는 우선 주어진 일에 대한 목표를 제 스스로 두 배 이상 높였습니다. 목표를 높이고 고민을 해보니 절대 성공할 수 있을 것 같지 않았습니다. 낮은 목표치가 주어졌을 때는 대충 기존의 방법에 조금 더 노력하면 될 것이라 생각했지만, 목표를 높이고 나니 기존의 방법으로는 절대 성공할 수 없다는 생각이 들었습니다. 사서 고생한다는 생각이 들었지만 결과적으로 저는 기존의 방법을 모두 잊고 완전히 다른 방법을 찾기 위해 우리 산업 영역이 아닌 다른 산업의 성공 사례들을 살펴보기 시작했습니다. 그것이 바로 지금 보시는 '기획서'입니다. 전혀 다른 산업에서 진행된 사업이었지만 이 플로우flow를 우리 쪽에 대입시켜 보면 어떨까 생각했습니다.

이런 식으로 A4 용지에 스토리를 적어 보는 것이다. 흡사 내가 연단에 서서 사람들에게 이야기하는 것처럼 말이다. 내가 몇 년 전에 썼던 스토리는 다음과 같다.

통신 시장에서 현재 우리 회사의 브랜드 선호도는 여전히 시장 점유율Market share

우리가 이룬 것 만큼,
이루지 못한 것도
자랑스럽습니다.
SUCCESS
와!
짝!
짝!
짝!
이걸 꿈꿨는데…
프리젠테이션을
그 따위로 하나?
스티브 시절처럼
빳빳하게
어버버! 어버버!
그래도 의상이랑
헤어 스타일은
스티븐 잡스 같더라

보다 낮지만 LTE 브랜드에서는 1위를 유지하고 있습니다. 하지만 경쟁사의 LTE 점유율이 높아지면서 LTE 브랜드 선호도의 차이는 계속 줄어들고 있는 추세입니다. 현재 이런 추세라면 곧 역전이 될 수도 있기 때문에 우리에게는 이 추세 자체를 반전시킬 수 있는 커뮤니케이션 전략이 필요했습니다. 그래서 우선 저는 사람들이 현재 좋아하는 브랜드들은 무엇인가? 일등 브랜드들은 어떤 전략을 펼치고 있나를 살펴보고 싶었습니다. 그렇게 일등 브랜드들을 살펴보다가 기존의 일등 브랜드를 이용하면 좀더 쉽게 우리의 브랜드 선호도도 올릴 수 있지 않을까 하는 생각을 하게 되었습니다. 그런 생각을 하다 보니 자연스럽게 브랜드 레버리지Brand Leverage, 특정 브랜드와 관련한 주변 브랜드의 가치를 지렛대lever 원리로 끌어올리는 것. 전략을 적용시키면 어떨까 생각하게 되었습니다. 일등 브랜드와의 코마케팅co-marketing, 두 개 이상의 회사가 공동으로 전개하는 판매-판촉 활동을 진행하면 고객의 마음속에 우리의 브랜드 역시 제휴한 일등 브랜드와 같은 레벨로 인식해 줄 것이라 생각했습니다. 그래서 BMW, 할리데이비슨, 닥터드레 같은 고객의 마음속에 일등 브랜드로 자리잡고 있는 회사와의 공동 마케팅 아이디어를 제시하게 되었습니다.

이런 '성공 상상 프리젠테이션'은 실제 실행으로 옮겨졌다. 물론 큰 성공을 거둬서 실제 성과 발표를 한 경우는 아니었지만 단순한 제휴 이벤트 거리가 TV 광고의 소재로까지 만들어지고 당시 본부장님도 칭찬을 아끼지 않았던 사례에 해당한다.

여러분도 일을 맡았을 때 '내가 이 프로젝트를 성공한다면, 그래서 많은 사람들에게 이 성공의 요인을 알려 주어야 한다면, 그 내용이 무엇이 되어야 할지, 어떤 생각을 해야, 어떤 접근을 해야, 어떤 아이디어를 내야 그걸 성공 요인이라고 이야기할 수 있을지'를 고민하는 과정을 시도해 보길 바란다. 좋은 접근 방법론이 나오지 않더라도 성공을 상상하는 것만으로도 이미 의욕은 충만해져 있을 것이다.

성공을 구체적으로 상상하라. 상상하는 대로 이루어질 가능성이 높다. 성공을 상상하는 것만으로도 의욕이 이미 충만해져 있을 것이기 때문이다.
『어리버리 신입 사원 슈퍼 루키 되는 법』(문학세계사) 중에서

메모의 기술은 필요 없다

대화의 기본은 기록하는 것이 아니라 상대방의 말을 듣고 이해하는 것이다. 상사와의 대화에서는 그들의 말 속에 어떤 의미가 있고 왜 내게 그런 이야기를 하는지를 이해하려는 노력이 메모보다 더 중요하다.

『메모의 기술』이라는 책까지 있듯이 많은 사람들이 메모의 중요성에 대해 이야기 한다. 나도 그런 말을 숱하게 들어 왔다. 사람의 기억은 한계가 있으므로 상대방이 이야기하는 전부를 기억할 수는 없다. 그렇다 보니 나중에 중요한 부분을 놓치게 되어 낭패를 보는 경우도 생긴다. 신입 사원들에게 특히 메모의 중요성을 강조한다. 한 가지 재미있는 현상은 인간의 기억력은 나이가 들수록(고참 직원이 나이가 많다는 가정 하에) 떨어질 텐데 유독 신입 사원들만 꼬박꼬박 메모를 한다는 것이다. 회의 시간에 보면 연차가 높을수록 그다지 메모에 집착하지 않는다.

왜 이런 현상이 생길까? 어느 정도 연차가 쌓이다 보면 상사의 이야기가 메모해야 할 종류의 것인지 아닌지를 판단할 수 있기 때문이다. 하지만 신입 사원들은 그것을 쉽게 판단할 수 없으니까 무조건 상사의 이야기를 적고 보는 것이다.

대화의 기본은 메모가 아니라 이해하는 것

신입 사원들과 가벼운 이야기나 할 심산으로 잠깐 차나 한 잔 하자고 말하면 '네.' 하고는 곧장 수첩을 챙겨서 달려 나온다. 열이면 열 모두 그렇다. 그것이 뭔가 예의를 차리는 것이라고 생각하는 모양이다. 물론 언제 어디서나 지시 사항을 받아 적겠다는 준비 자세가 나쁘다는 말은 아니다. 문제는 대화를 시작하면서 발생한다. 요즘 회사 생활은 어떤지, 트렌드는 무엇인지, 일상적인 이야기를 하고 싶은데 하나도 중요하지 않은 말들을 계속 적는 것이다. 그러면 나는 물어본다. "수첩에 적으면 정말 나중에 보나?" 하고 말이다.

여러분이 쉴 새 없이 적은 메모들 중에 정말 나중에 참고할 만한 내용은 얼마나 될까? 10%에서 20% 가량? 많아야 그 정도일 뿐이다. 수첩에 적은 내용을 다시 보면서 참고해야 하는 경우는 그다지 많지 않다. 내 생각이나 아이디어를 적었다면 모를까 상사와의 미팅에서 적은 메모들을 다시 꺼내 볼 일은 별로 없다.

꼭 필요한 지시 사항 같은 것이 아니라면 상사와의 미팅에서 메모를 하지 말라. 5명 이상의 많은 사람들과 회의를 하는 경우가 아니라면 특히 1대 1의 대화에서는 오히려 메모를 하지 않는 것이 좋다.

대화의 기본은 기록하는 것이 아니라 상대방의 말을 듣고

받아쓰기하듯 메모하지 말고 회의에 집중 하라고!
…
…
하지만 부장님은 지금 쯤 '적자생존' 하고 계실거야~
적자생존…
김부장, 당신은 필기 안해요? 다 외울 수 있어?
사람이 회의하는 자세가 안되어있어…
예?
무조건 적자!
적어야 산다.

이해하는 것이다. 상대방의 말에는 어떤 의미가 있고 왜 내게 그런 이야기를 하는지를 이해하려는 노력이 필요하다. 말을 이해하는 것은 귀로만 듣는 것이 아니라 그 사람의 표정까지도 함께 파악해야 한다. 또한 눈을 마주치며 경청하는 자세를 보여 주면 말하는 사람은 때로는 더 깊이 있는 이야기까지 들려주게 된다. 그래서 대화를 할 때는 적으려 하지 말고 상대방의 눈을 보고 말의 의미를 이해한 후 고개를 끄덕이며 반응해 주는 것이 더 좋다. 부모님이나 친한 선배와 대화를 할 때 메모를 한 적은 없을 것이다. 그 이야기가 중요하지 않기 때문이 아니라 이해하고 받아들이면 되기 때문이다. 상사와의 대화도 이와 똑같다.

상대가 말을 하는데 메모장에 시선을 두는 것은 바람직하지 않다. 그보다는 상대방의 이야기에 집중해야 한다. 만약 정말 중요한 내용이 있어서 메모를 해야 한다면 시선은 상대방의 눈에 고정시킨 채 메모하는 것이 좋다. 굳이 메모장을 보지 않고도 글을 쓸 수 있으니까 말이다. 미팅이건 면담이건 대화가 오갈 때는 메모에 집중하지 말고 이해하고 반응하는 데 신경 쓰는 게 현명하다.

문제를 만드는 사람이 되라

좋은 답을 원하면 좋은 질문을 만들어라. 스스로 질문을 하고 정의함으로써 능동적으로 문제를 해결할 수 있는 사람이 되어야 한다

신입 사원들은 대학 시절까지 십여 년 넘게 대부분 주어진 문제를 풀면서 살아왔을 것이다. 그러나 세상에는 문제를 만들어 낼 수 있는 사람, 즉 창의적 사고를 하는 사람은 많지 않다. 그만큼 희소가치가 있다는 말이다. 직장 생활에서 문제를 만들어 내는 사람은 보통 CEO를 비롯한 임원들이다. 그래서 이들이 중요하고 몸값도 높다. 이들은 문제가 무엇인지 찾아내고 그에 따라 방향을 정하고 과제를 준다. 그러나 이러한 문제 제기는 임원들만 할 수 있는 것은 아니다. 신입 사원인 경우에도 문제를 풀기보다 문제를 만들어 내려는 노력이 필요하다.

문제를 만드는 능력은 질문에서부터 시작하고, 이런 질문은 호기심에서부터 출발한다. 예를 들어 '가입자는 느는데 왜 매출은 늘지 않는가? 5년 후에도 이 제품이 잘 팔릴 수 있는가? 인구의 고령화는 시장에 어떤

영향을 줄까? 이 제품의 고객 가치를 변화시키는 방법은 무엇일까? 이 제품은 꼭 B2B_{Business to Business, 기업과 기업 사이에 이루어지는 전자상거래}로만 판매해야 하는 건가? 스마트 폰이 많이 팔리면 우리 제품의 판매에는 어떤 변화가 올까? 사람들이 텔레비전을 많이 보지 않는다면 마케팅은 어떻게 바뀌어야 할까? 등 질문을 던져 보는 것이다.

정형화된 사고에 의문을 던져라

통신사에 다니던 시절, 집에서 휴대폰을 쓰면 밖에서 쓸 때보다 싼 요금으로 통화할 수 있는 상품의 마케팅을 담당한 적이 있다. 많은 사람들이 마케팅 커뮤니케이션 전략을 세우려고 머리를 맞대고 있었는데, 대부분은 어떻게 하면 경쟁사와 차별을 둘 수 있을가를 고민했다.

나는 생각이 조금 달랐다. 같은 제품이지만 다른 관점으로 문제를 정의해 보고 싶었다. '우리 회사의 경쟁자가 반드시 무선 통신 사업자여야만 하는가? 유선 사업자와의 경쟁은 어떤 파급 효과를 가져올까? 이런 관점으로 문제에 접근했다. 그리고 내가 찾은 답은 '무선 통신 사업자 중에서 저렴한 요금 상품'으로 포지셔닝 하기보다는 '너무 저렴해서 집 전화를 몰아 낼 수 있는, 휴대폰이지만 집 전화와 경쟁하는 상품'으로 정의를 내렸다.

많은 반대가 있었지만 당시 같은 생각을 가졌던 팀장님의 도움으로 결국 '집 전화의 가출'이라는 콘셉트를 만들어 낼 수 있었다. 집 전화보

다 싼 휴대폰의 등장으로 집 전화가 가출한다는 마케팅 콘셉트였다. 가출한 집 전화 인형이 거리를 배회하고, 길거리 곳곳에 집 나간 전화를 찾는다는 전단을 붙였다. 그리고 텔레비전에서는 가출한 집 전화가 주인공인 광고가 나왔다. 모든 방면에서 일관된 마케팅을 선보여 생각보다 많은 이슈를 만들 수 있었다. 급기야 당시 집 전화로 국내 시장을 장악하고 있던 KT(KTF와 통합하기 전)가 발끈하여 대응함으로써 더 큰 이슈가 되기도 했다.

최근에 B급 감성으로 무장한 키치 콘셉트의 마케팅으로 좋은 반응을 얻고 있는 배달의 민족 김봉진 대표의 강연 자료를 본 적이 있다. 김 대표 역시 '모든 일의 시작은 정의를 내리는 것으로부터'라는 관점을 갖고 있었다. 김 대표는 배달 음식을 '밥하기 귀찮을 때 시켜 먹는 음식'에서 '사랑하는 사람들과 나누는 행복한 시간'으로 다르게 정의했다. 배달 음식이 이러한 의미를 갖게 되면 마케팅의 방향은 전혀 다른 차원을 향해 갈 수밖에 없다. '어떻게 하면 싸고 빠르게 음식을 시켜 줄까?'가 아닌 '어떻게 하면 사랑하는 사람들에게 행복한 시간을 만들어 줄 수 있을까?'로 고객의 제공 가치가 바뀐다. 배달의 민족 앱이 많은 사람의 사랑을 받을 수 있는 이유는 바로 기존의 접근 방식과는 다른 문제 정의 때문인 것이다.

남들과 같은 생각을 하면 새로운 질문을 할 수 없다. 정형화된 사고에 의문을 던질 수 있어야 한다. 질문이 좋으면 답도 좋을 수 있다. 좋은 답을 원하면 좋은 질문을 만들어야 한다. 그것이 바로 문제를 만들어 내는 능력이다. 가만히 앉아서 주어진 문제를 풀기보다는 스스로가 맡은 일에 대해 끊임없이 묻고 답하길 바란다. 그렇게 단련하다 보면 당신은 회의실에서 누구도 생각하지 못한 방향을 만들고 그에 대한 해답을 말할 수 있는 사람이 되어 있을 것이다. 누군가가 시킨 일에 대해서 문제를 푸는 데만 급급해하지 말고 스스로 질문을 제기하고 정의함으로써 능동적으로 문제를 해결할 수 있는 사람이 될 수 있다. 그러니 문제를 푸는 사람이 아니라 문제를 만드는 사람이 되라.

악착 같은 사람이 통한다

하고 싶은 일이 있다면 끝까지 포기하지 말아야 한다. 때로 악착 같은 열정이 큰 힘을 발휘할 때가 있다.

2008년 통신사에서 광고 담당자로 일하던 때였다. 당시 회사에서는 '오주상사 영업 2팀'이라는 광고 캠페인을 제작하여 내보내고 있었다. 연말이었고 서브 프라임 모기지 사태의 여파로 국내의 경제 여건이 좋지 않아 국민들은 경제적 피로감에 지쳐 있었다. 시기적으로 자사의 상품을 알리는 광고를 제작하기보다는 국민들에게 희망의 메시지를 전하는 광고를 만들어 보면 어떻겠냐는 의견이 나왔다. 이러한 의견을 반영하여 대행사가 광고 시안을 준비했다. 당시 회사 광고 모델로 장미희, 이문식, 오달수, 유해진 씨 등이 출연하고 있었는데 대행사가 발표한 시안 중에 눈길이 가는 것이 있었다. 내용은 대충 이랬다.

오주상사 영업 2팀 장미희 부장이 저녁 술자리를 끝내고 대리 기사를 불렀는데 그녀를 맞이한 기사는 우연히도 팀원이었던 이문식 대리였다.

차를 타고 가는 동안 어색한 침묵이 흘렀고, 장디희 부장이 조심스레 말을 꺼냈다. '낮에도 대리, 밤에도 대리입니까? 내년엔 둘 다 끝냅시다.' 이 말에 이문식 대리는 밝게 미소를 짓고 경쾌한 음악이 흘러나오며 광고는 끝이 났다.

마음에 와 닿는 광고 시안이었다. 대행사에서 오랫동안 고심한 흔적이 역력했다. 직접적으로 상품을 드러내는 광고는 아니었지만 국민들의 공감을 사기에 충분한 내용이어서 광고로 만들어 보고 싶은 마음이 컸다. 하지만 시안을 보신 상무님이 '이런 경우가 흔하지도 않을 텐데 어떻게 공감을 하느냐?'며 반대 의사를 밝혔다. 상무님의 한 마디에 담당자들은 찍소리도 못했고, 그 광고 시안은 날아가 버리는 듯했다.

그런데 다음날 아침, 상무님이 자리로 오시더니 종이 뭉치를 책상 위로 휙 던지듯 내려놓으면서 '그렇게 하고 싶었냐? 그럼 찍어라.' 하시고는 유유히 돌아가셨다. 어제까지만 해도 공감이 안 가는 광고라고 했는데 그 사이 왜 마음이 바뀌셨을까 궁금해하며 상무님이 놓고 간 서류 뭉치를 보았다.

A4 용지에는 대리운전 기사들의 커뮤니티에 올라온 '대리운전 중 회사 지인들을 만난 체험 사례'가 빼곡하게 적혀 있었다. 광고 시안에 나온 이야기처럼 상사를 만나거나 부하 직원을 만나 난처했던 에피소드들이 가득했다. 그제야 옆에 있던 막내 사원의 웃는 모습이 눈에 들어왔다.

신입 사원 딱지를 뗀 지 얼마 되지 않은 팀 막내였지만 그 친구도 그

한 은행 비정규직 직원이 있었어
이상해…

수백억 원을 대출한 기업 고객이 있었는데 서류상으로는 완벽한데 이상한 점이 있는거야.
연 매출 1조원의 가전업체 라는데
왜 난 이 회사 제품을 한 번도 본 적이 없을까?

그는 해외 인터넷 가전 쇼핑몰도 찾아보고 지인들에게 물어봤어.
이름은 들어봤지만
주변에 그 회사 제품 쓰는 사람은 없다고?

결국 그는 회사까지 찾아가 직접 살펴봤지.
건물은 말끔한데…
뭔 공장이 이렇게 조용해? 사람도 없고…

그 회사는 10개의 은행에 7년간 무려 3조 4,000억원을 사기대출을 하고 파산했어.
연 매출 1조원 중 90%가 허위 가공매출?!
← 주식 투자자…

그래도 그 친구 덕분에 그 은행은 사전에 회수하는 바람에 피해를 입지는 않았대
으흐흑!! 내 주식이…

시안이 마음에 들었고 어떻게 하면 상무님을 설득할 수 있을지 밤새 고민한 것이었다. 그래서 논리적인 근거를 제시하고자 마음먹고 대리운전 커뮤니티에 들어가 광고 시안에 나왔던 사례들을 찾았다고 한다. 실제 이런 일이 얼마나 있겠냐며 문제를 지적했던 상무님에게 실제 사례를 보여 주며 설득한 것이다. 결국 우리는 그 시안대로 무사히 광고를 찍을 수 있었다.

하고 싶은 일은 끝까지

하고 싶은 일이 있다면 끝까지 포기하지 말아야 한다. 때로 악착 같은 열정이 큰 힘을 발휘할 때가 있다. 나와 생각이 다른 상사를 설득하는 일은 헤어지자는 애인을 설득하는 일보다 어렵다. 하지만 진짜 하고 싶은 일은 어떻게든 설득할 수 있는 논리를 만들어서 시도해 보는 것이 좋다. 물론 안 된다는 것을 계속 우기는 것은 상사에게 미움을 사는 지름길이 될 수도 있다. 그렇다고 상사의 말 한 마디에 곧바로 포기해 버리는 것은 어리석다. 정말 확신이 있고 자신 있는 일이라면 한 번쯤은 설득해 보는 것이 현명하다. 담당자가 확신하지 못하는 일은 어느 누구도 수긍하기 어려울 것이다. 상사를 설득하지 않는다는 것은 자신도 확신하기 어렵다는 또 다른 표현이라고 봐도 무방하다. 상사의 반대에 '네, 하지 않겠습니다.' 하고 바로 수긍해 버리는 사람은 윗사람의 말을 잘 듣는 사람이라고 절대 인정받지 못한다.

꼭 하고 싶은 일이 있다면 어떻게든 논리를 만들고 할 수 있다는 믿음으로 한 번 더 설득해 보기 바란다. 그래야 후회가 없고 그 일을 더욱 성공적으로 이끌 수 있는 방법을 찾게 된다. 하기 싫은 일보다 하고 싶은 일을 할 때 성공할 확률이 더욱 높다. 때로는 자신의 뜻을 밀어붙이는 악착 같은 노력도 필요하다.

새 것에 민감하라

대부분의 상사들은 신입 사원보다 트렌드나 변화에 무딘 편이다. 사회의 이슈나 고객의 변화, 새로운 트렌드에 민감할 수 있다는 것은 신입 사원의 특권이 된다.

세상이 빠르게 변하고 있다. 오늘날 반세기도 되지 않은 시간 동안 이루어 낸 성과와 변화는 인류가 생겨난 이후로 지금까지의 변화를 모두 합친 것보다 그 속도가 더 빠르다고 한다. 유선보다 빠른 무선 인터넷 망의 등장, 스마트폰의 개발과 보급 확대, 소셜 네트워크 서비스의 확산 등은 인간의 삶뿐만 아니라 비즈니스 환경에도 엄청난 변화를 몰고 오고 있다. 향후 테크놀로지의 발전이 가져올 변화는 상상을 초월한다.

쇼핑몰에 들어선 사람들에게 개인 정보와 성향을 파악하여 광고를 보여 주고, 허공에 떠 있는 스크린을 모션으로 제어한다. 시계 형태의 전화기로 통신을 하고 모든 차량은 무인 시스템으로 작동한다.

2002년에 개봉한 영화 〈마이너리티 리포트〉에 나오는 장면들이다. 스티븐 스필버그는 개봉 3년 전인 1999년 시나리오 작업을 하면서 각계 각층의 전문가 의견을 반영하여 2054년의 미래상을 설득력 있게 담아 냈다.

최근 런던 경찰청은 소프트웨어 개발사인 액센추어Accenture가 만든 갱 단 범죄 예방 프로그램을 시험 운용하고 있다고 보도했다. 5년 간 런던 전역의 갱단 범죄 기록과 소셜 네트워크 서비스(SNS) 상의 움직임을 종 합해, 이른바 '고위험' 갱단 조직원들이 범죄를 저지를 가능성을 분석해 내는 것이 특징이다. 〈마이너리티 리포트〉에서 예비 범죄자를 잡아들이 는 '프리프라임' 프로그램과 유사한 개념이다.

이뿐 아니라 영화에 등장하는 무인 자동차, 에어 마우스, 홍체 인식 광 고 스크린 등은 현재 거의 완성되거나 비슷한 개념의 제품 상용화가 가 시화되고 있다. 전문가의 예측보다 족히 40년을 앞설 만큼 변화가 가속 화되고 있다는 뜻이다.

스마트폰의 애플리케이션도 비즈니스 지형을 변화시키고 있다. 자동 차 공유 앱인 '우버Uber'가 전 세계 택시 산업을 붕괴 위기로 몰고 있으며 숙박시설 공유 앱인 '에어비앤비airbnb'가 세계 최대 호텔 체인인 하얏트 의 시가 총액보다 더 높게 평가되는 현실이다. 손톱만큼 작은 앱 하나가 다른 산업을 붕괴시키기도 하고 전형적인 비즈니스를 무용지물로 만들 기도 한다. 이제 기업들은 기존에 자신이 잘하던 분야를 벗어나 새로운

먹을 거리를 찾아 안간힘을 쏟고 있다. 구글이 무인 자동차를 만들고 소프트뱅크가 로봇을 만들고 있으며 페이스북이 가상 체험 디바이스를 만들고 있다. 변화의 속도에 대응하며 지속 가능한 성장 동력을 찾고 있는 것이다.

뿐만 아니라 고객과 친숙한 마케팅도 변화를 피해 가지 못하고 있다. 예전에 기업이 소비자와 만나는 방법은 그리 복잡하지 않았다. 텔레비전이나 신문, 라디오, 온라인 등의 몇 가지 매체를 이용해 일방적으로 메시지를 전달하거나 오프라인 매장이나 고객들이 많이 모이는 장소를 찾아 상품을 알리면 됐다. 그러나 이제는 더 이상 그런 과거의 방법이 통하지 않는다. 이런 마케팅 환경의 변화를 단적으로 보여 준 예가 바로 2014년 한 해를 뜨겁게 달군 '허니버터칩' 사건이다.

허니버터칩 과자의 광고를 본 적이 있는가? 허니버터칩은 텔레비전 광고나 프로모션, 온라인 이벤트 같은 과거 마케팅 커뮤니케이션의 전형이라 여겼던 그 어떤 활동도 없이 한국 과자 시장을 점령했다. 바로 소셜 네트워크의 힘 때문이었다.

변화를 빠르게 감지하여야

제품이 훌륭하고 시대를 조금만 잘 타면 별다른 마케팅 활동 없이도 고객 스스로가 제품을 찾는 시대가 되었다. 기존의 마케팅 관점에서 생각하면 마케팅하기 더 어려워진 시대가 된 것이다. 돈이 많다고 성공하는 싸움도 아니다. 그러나 반대로 중소기업이나 영세기업이라 할지라도 고객의 마음을 뺏을 수 있는 좋은 제품과 차별화된 가치가 있다면 고객의 자발적 확산을 이끌어 낼 수도 있고 더 쉽게 성공할 수도 있다.

예전에는 '숨은 맛집'이라는 표현이 가능했지만 이제는 더 이상 숨어 있는 맛집이 없다. 맛만 있으면 입소문은 순식간에 퍼지고 네비게이션만 찍으면 언제라도 찾아갈 수 있는 환경이 되었다. 스마트폰 덕분에 경쟁력을 갖춘 맛집은 더 승승장구하지만 맛없는 집은 그만큼 더 빨리 망하는 시대인 것이다.

그렇다면 제품 경쟁력이 전부일까? 제품만 잘 만들면 더 이상 아무것도 할 것이 없는 시대인가? 그렇지는 않다. 허니버터칩에 사람들이 열광할 때, 그 열풍을 지켜보고 있던 센스 있는 마케터는 맥주에 허니버터칩을 끼워 팔아 매출을 올렸고 어느 마트에서는 집에서 손수 만들어 먹을 수 있도록 허니버터칩을 대신하는 식재료를 진열해 대박을 쳤다. 남이 만들어 놓은 성과에 무임승차한다는 논란을 논외로 한다면 이들은 고객과 시장의 변화를 빠르게 간파하는 능력을 보여 주었다.

고객과 비즈니스 환경이 빠르게 변하고 있지만 그 변화를 감지하고 주의 깊게 지켜보고 있다면 언제 어디서든 기회는 생긴다. 그 기회를 포착하는 사람과 그렇지 않은 사람이 있을 뿐이다. 전통을 이어가는 것은 중요하다. 그러나 변화에 민감하지 않고 기존의 관습과 옛날의 방식만을 고수하는 것은 아무도 가지 않는 길에 서서 손님을 기다리는 장사꾼과 다르지 않다.

대부분의 상사들은 신입 사원보다 트렌드나 변화에 무딘 편이다. 사회의 이슈나 고객의 변화, 새로운 트렌드에 민감할 수 있다는 것은 젊은 신입 사원이 가질 수 있는 무기가 된다. 허니버터칩의 인기로 덩달아 매출을 올릴 수 있었던 톡톡 튀고 스피드 있는 아이디어들은 분명 나이 지긋한 상사의 머리에서 나오지는 않았을 것이다.

젊다는 것, 그래서 세상의 변화를 빨리 받아들일 수 있다는 것, SNS를 통해 빠르게 변화하는 시장과 고객 및 테크놀로지의 트렌드를 읽어 내고, 그 속에서 정보를 공유하고 기회를 포착하며 아이디어를 제시하는 것은 신입 사원인 당신의 가치를 높일 수 있는 중요한 열쇠가 될 것이다.

변화에 민감하라. 변화를 주시하고 감지하고 있으면 언제 어디서든 기회가 생긴다. 그 기회를 포착하는 것이 당신의 가치를 높일 수 있는 중요한 열쇠가 된다.
『어리버리 신입 사원 슈퍼 루키 되는 법』
(문학세계사) 중에서

기획서는 스토리다

기획서를 잘 쓰고 싶다면 무턱대고 파워포인트 앞에서 시간을 허비하지 말라. 본인이 전달하고 싶은 이야기를, 듣는 이의 관심사에 맞춰 어떻게 풀어 낼지, 그에 대한 전체 스토리를 적어 보는 연습부터 해보는 것이 좋다.

신입 사원들에게 기획서를 만드는 일만큼 어렵고 곤혹스러운 일도 없을 것이다. 지금 신입 사원들은 학부 시절부터 과제를 통해 기획서 만드는 경험을 해보기도 하고 취업을 준비하면서 기획서를 작성하는 경우도 많은 것으로 알고 있다. 실제 인턴이나 신입 사원을 만나 보면 내가 신입 때와는 달리 파워포인트를 다루는 실력이 매우 뛰어나다. 그런데 어떤 신입 사원들은 기획서를 잘 쓰는 것이 파워포인트를 잘 만드는 것이라고 착각하는 경우가 있다. 아니 신입 사원뿐 아니라 적지 않은 직장인들이 그런 생각을 한다. 보기 좋은 떡이 맛도 좋다고, 뛰어난 파워포인트 실력을 이용해 보기 좋은 기획서를 만드는 것도 분명 중요한 장점 중 하나다. 실제로 파워포인트를 잘 다루는 직원이 인정을 받는 경우도 꽤 많이 보았기 때문이다.

하지만 기획서를 만드는 데 있어서 가장 중요한 것은 '설득 스토리'
다. 결국 기획서는 그 대상이 상사이건 광고주이건 혹은 소비자이건 결
국 무언가를 팔기 위해 설득하는 수단일 뿐이다. 그래서 기획서를 만들
때 가장 중요한 것은 그 기획서를 보는 사람을 설득할 수 있는 '스토리'
가 있느냐는 것이다.

설득력 있는 한 편의 이야기

내가 신입이던 시절 팀장님은 기획서 쓰는 법을 가르쳐 주면서 컴퓨
터가 아닌 A4 용지를 이용하였다. A4 용지 한 장, 한 장에 이야기를 써 내
려가듯이 내가 기획서를 만드는 목적에 맞춰 전체적으로 설득 스토리를
쓰라고 조언해 주었다. 첫 장에서 다음 장, 그 다음 장으로 넘어가면서
자연스럽게 이야기가 되는지 소설처럼 하나의 기승전결 구조를 가질 수
있어야 한다는 것이 핵심이었다. 그렇게 전체 스토리의 윤곽이 나오면
각 장마다 내가 하고 싶은 이야기를 설명할 텍스트를 도형화하여 넣는
다거나 설득할 수 있는 근거나 논리들을 단순하고 보기 좋게 정리해 주
면 되는 것이다.

지금도 기획서를 만들 때 나는 처음부터 끝까지 기획서의 흐름이 논
리 정연한지, 보는 사람이 기획서를 읽고 난 후 설득력 있는 한 편의 이
야기를 들었다고 느끼게 될 것인지를 고민한다.

기획서에는 내가 하고 싶은 이야기를 일방적으로 담는 것보다, 보는

사람이 원하는 것을 담아야 한다.

듣는 이가 관심을 갖도록 포장해야

기획서를 잘 만드는 것은 상대방이 듣고 싶어 하는 것과 원하는 것, 가려워하는 것에 최대한 초점을 맞추어 내가 말하고 싶은 바를 잘 전달하는 것이다. 그것은 사람 사이의 대화와 다르지 않다. 누군가 내게 이야기를 들려 줄 때 내가 아는 이야기, 누구나 할 수 있는 이야기, 듣기 싫은 이야기, 필요 없는 이야기를 하면 나도 모르게 귀를 닫을 수밖에 없다. 그래서 나만이 들려줄 수 있는 이야기를 듣는 이가 관심을 갖고 들을 수 있도록 포장하는 요령도 필요한 것이다.

같은 주제의 기획서라도 누가 보느냐에 따라 스토리를 완전히 달리해야 할 때도 있다. 그렇기 때문에 자신이 말하고 싶은 것만 앞세우지 말고 보는 사람의 관심도 항상 염두에 두고 이야기를 구성해야 한다. 그렇게 뼈대가 만들어지면 내가 이야기하고 싶은 주장에 대한 근거나 이유를 최대한 정량적이고 객관적인 형태로 살을 보태야 한다.

같은 주장을 하더라도 '이런 상품 아이디어는 고객이 구매할 가능성이 있다'라고 자신의 생각을 서술하는 것보다 정량 조사를 통해 선호도를 보여 주거나, 해외의 성공 사례, 전문가의 견해를 보여 주는 것이 훨씬 효과적이다. 주관적인 나의 생각, 나만의 주장보다는 여러 사람의 생각이나 좀더 전문적인 견해를 제시하는 것이 더욱 타당성 있게 보이기 때문이다.

기획서를 잘 쓰고 싶다면 무턱대고 파워포인트 앞에서 시간을 허비하지 말고 내가 할 이야기가 무엇인지 전체 스토리를 적어 보는 연습부터 하라고 권하고 싶다. 첫 장부터 마지막 장까지 어떤 이야기를 해야 상대가 흥미를 갖고 이야기를 끝까지 들을 것인지 그래서 결국 당신에게 설득당할 수 있을지가 중요하다. 큰 줄거리부터 만들어 놓으면 그 다음에

는 이야기를 뒷받침해 줄 근거 자료를 찾아 파워포인트에 보기 좋게 넣
어 주기만 하면 된다.

조금 더 행복하게

일의 의미를 만든다는 것

내가 지금 왜 이 일을 하는지, 내가 하는 일은 나에게 어떤 의미가 있는지에 대해 답할 수 있는 사람이 되라. 답할 수 있느냐와 없느냐는 자신이 성장해 가는 과정에서 많은 차이를 만들 것이다.

몇 년 전 TED 유튜브에서 제공되는 미국의 비영리 재단에서 운영하는 강연회에서 사이먼 사이넥Simon Sinek이 강연한 'Start with why'를 본 적이 있다. 우리나라에서는 『나는 왜 이 일을 하는가?』라는 책으로 출간되기도 했다. 사이먼 사이넥은 미국의 여러 대기업과 정부 기관들을 대상으로 수많은 강의를 했다. 이 강의에서 사이먼 사이넥은 골든 서클 이론을 들려주었다. 보통 사람들은 서클의 바깥쪽에 있는 What과 How, 그러니까 '무엇을 어떻게 할 것인가'에 대한 고민은 많이 하지만 진짜 중요한 Why, '왜 이 일을 하는가'에 대한 생각은 해보지 않는다는 것이었다.

나는 이 강의가 마음에 와 닿았다. 나 역시 지금껏 내가 하는 일에 대해 끊임없이 의미를 생각해 왔기 때문이다.

대학을 졸업하고 직장에 들어가면서 나는 막연하게나마 내가 하는 일이 사회적으로 의미가 있었으면 좋겠다는 생각을 했다. 대학 시절의 순수한 마음에서는 광고 역시 그런 분야가 될 수 있겠다는 생각을 했다. 물론 모든 일이 사회적으로 의미가 있겠지만 좀더 상업적이지 않은 공공성을 띠는 분야 말이다. 어쨌거나 일을 하면서도 내 일이 사람들을 좀더 편리하게 해주거나, 풍요롭게 하거나 어려움을 해소해 주거나 하면 좋겠다고 생각했다.

자신의 일에 자부심을 가져라

대학을 졸업하고 처음 들어간 회사에서 며칠이 지나지 않은 어느 날, 당시 이사님이 내게 '돈 냄새를 잘 맡는 편이냐?'고 물어보았다. 그 질문을 받은 이후로 나는 대학 때의 이상과 직장에서의 현실이 다르다는 것을 분명히 알게 되었다. 내가 하는 일에서 사회적인 의미를 찾는다는 것은 참으로 순진한 생각이었다.

그렇다고 해서 내 이상을 포기하며 산 것은 아니었다. 늘 기회가 될 때마다 내 일에서 그런 의미를 찾으려고 노력했다. 혹시라도 남들이 순진하고 유치하다며 놀릴 것 같아 제대로 표현하지는 못했지만 나는 늘 내가 하는 일이 겉으로는 이렇게 보여도 나름의 의미가 있는 것이라고 자부하며 살아왔다.

언론사에서 지식 커뮤니티 사이트를 운영할 때에도 네티즌들의 소중한 지식들이 상업적 목적이나 대가 없이 공유되는 것에 보람을 느꼈고,

통신사에 다닐 때에도 내가 하는 일이 사람 사이의 소통을 담당하는 것이라며 의미를 부여했다. 통신사를 나오기 전 내가 마지막으로 진행했던 광고는 택배 배달 기사로 사느라 가족들과 얼굴 마주하기도 바쁜 아빠에게 딸이 전화로 생일 축하 노래를 불러 주는 내용이었다. 우리 주변에 살고 있는 이웃의 아주 소소한 일상 이야기였지만 광고를 본 많은 사람들이 공감해 주었다. 내가 생각하는 소통의 의미를 나름 잘 살린 것이어서인지 이 광고는 특별히 기억에 남는다.

물론 그렇다고 해서 내가 의미 있는 일만 찾아서 한 것은 아니다. 나는 할당받은 휴대폰을 친구와 가족들에게 강매하는 역할을 하기도 했고, 어떻게든 가입자를 유치하기 위해 과장된 광고를 만들기도 했으니까 말이다.

생각을 바꾸면 일의 가치가 달라진다

나는 지금 생명보험 회사에서 일하고 있다. 그전에 일하던 통신사와는 전혀 다른 산업 분야이며 그렇다고 관심을 갖고 있던 분야도 아니었다. 그래서 입사하기 전까지 보험 산업은 아주 낯선 영역이었다. 그럼에도 내게는 새로운 자극이 필요한 시기였고 일단 분위기라도 한번 보자는 마음으로 기대 반 두려움 반 지금의 회사에 면접을 보러 갔다.

어떤 방에서 잠깐 대기를 하였는데 벽에 액자 몇 개가 걸려 있었다. 거기에는 회사의 미션이 적혀 있었다. '우리의 미션은 고객의 건강Health, 웰

빙Well-being, 그리고 안정Security을 돕는 것이다'라는 내용이었다. 이 문장을 읽는데 순간 가슴이 뛰었다.

내가 다니고 있는 회사 이름에 '생명'이라는 글자가 들어간 게 좋다. 내가 하는 일이 누군가의 생명과 직접적으로 관계된 일이라는 점에서 뿌듯함을 느낀다. 하지만 대부분의 사람들에게 브험사는 긍정적인 이미지보다는 부정적인 시각으로 비춰질 때가 많다. 보험이라는 상품은 지금 이 순간에는 그 가치를 가늠하기 힘들다. 모든 상품들이 현재의 가치를 보고 구입하는 반면 보험은 언젠가 아프게 되거나 사고가 날 것에 대비해 미리 준비하는 상품이다. 따라서 좋지 않은 일이 생겨야만 그제야 가치를 인정받게 된다.

보험의 가치를 경험한 사람이 많지 않다 보니 그 가치를 인정해 주는 사람도 적고 그래서 인식 또한 모든 사람들에게 좋지만은 않다. 나는 사회 초년 시절, 어머니의 교통사고로 인해 보험의 가치를 경험한 적이 있다. 보험은 일종의 기부와 같다는 생각을 한 것도 그때였다. 내가 건강하면 내가 기부한 돈이 아픈 사람을 위해서 쓰이고 내가 아프면 건강한 사람들이 나를 도와주는 셈이 되니까 말이다. 그래서 나는 보험에 대해 좋은 인식을 갖고 있는 편이었고, 그래서 20대에 내가 먼저 자발적으로 보험에 가입하기도 했다.

그렇다고 해서 보험사에 취직하고 싶은 마음이 있었던 것은 아니다. 통신사에 다니던 내가 정말 우연하게도 보험사에 들어오게 된 것은, 또 누군가의 생명을 살리는 데 도움을 주는 일을 하고 있다고 의미를 부여하게 된 것은 어쩌면 정해진 운명은 아니었나 생각해 보기도 했다. 어쨌든 보험사도 기업이기에 수익 추구는 기본적인 회사의 목적일 수밖에 없지만 결국 우리가 판매하는 보험 상품 하나는 어려운 상황에서 꼭 필요한 도움이 될 수 있다는 것은 충분한 '일의 가치'가 되어 주었다.

나는 왜 이 일을 하는가

나는 '왜 이 일을 하는가?'라는 질문에 답할 수 있는, 일의 의미를 찾은 운 좋은 사람 중 하나다. 사회 초년생인 여러분들도 내가 왜 이 일을 하는지에 대해 답할 수 있는 사람이 되면 좋겠다. 일의 의미를 아는 것과 모르는 것은 직장에서 적응하고 성장해 가는 과정에서 많은 차이를 만들 것이다.

하지만 꼭 의미 있는 일만 해야 한다는 것은 아니다. 지금 하고 있는 일에서 의미를 찾는 것이 중요하다. 나 역시 내 일에서 의미를 만들고자 노력한 경우에 해당한다.

지금 다니는 회사나 현재 하고 있는 일에서 절대 의미를 찾을 수 없다고 생각하는 사람이 있을지도 모르겠다. 하지만 일의 의미를 만들거나 찾는 일이 그렇게 어려운 일은 아니다. 다만 깊이 있게 생각해 보지 않았을 뿐이다.

만약 당신이 상조 서비스 회사에 다닌다면 어떨까? 회사의 이미지로

만 본다면 상조 서비스 회사는 입사 희망 1순위에 꼽히는 자동차, 전자, 통신 분야의 회사에 비해 좋다고 느끼는 사람이 많지 않을 듯하다. 그리고 남들이 그렇게 생각하기 때문에 당신도 자신 있게 회사를 자랑하고 싶은 마음이 들지 않을지도 모르며 그곳에서 일의 의미를 찾지 못할 수도 있다.

사람은 누구나 죽는다. 나도 그렇고, 슬픈 일이겠지만 이 글을 읽는 당신의 부모님도 마찬가지다. 최근에 나는 아버지의 장례를 치르며 상조 서비스의 도움을 받았다. 장례 지도사라는 이름으로 3일 동안 아버지와 우리 곁에서 굳은 일을 마다하지 않는 상조 회사 직원을 보며 감동을 받았다. 특히 아버지의 염을 하는 동안 굵은 땀방울을 흘리며 정성스럽게 최선을 다하는 모습은 내가 희미하게 갖고 있던 그 직업의 선입견을 바꿔 놓기에 충분했다. 짐작컨대 자신의 일에 대한 자부심과 의미 부여가 없다면 도저히 나올 수 없는 행동이었다. 경황이 없어 고맙다는 말도 못 했고 그가 갖고 있는 일의 의미도 물어보진 못했다. 하지만 분명 그는 자신의 일에서 우리가 흔히 생각하는 장례 이상의 의미를 찾아 간직하고 있었을 것이다. 가족의 슬픔을 대신해 온 정성을 다해 망자의 마지막을 함께해 주는 그에게서 존경심까지 일었다. 겉으로 보기에 의미를 찾을 수 없을 것 같더라도 보이는 것이 그 일의 모든 것은 아니다. 아무리 겉보기에 화려하고 의미가 있을 것 같은 일이라도 본인이 그것을 찾지 못하면 아무것도 아닌 일이다. 결국 일이 무엇이냐가 중요한 것이

아니라 그 일에서 어떤 의미를 찾을 수 있느냐가 중요하다. 그
것을 찾을 수 있느냐, 못 찾느냐는 본인의 몫이다.

이해를 쉽게 하고자 특정 직업을 언급했지만 일에서 의미를 찾는다는
것은 그렇게 어려운 것이 아니라는 점을 분명히 말하고 싶다.

왜 이 일을 하는가? 당신도 한번쯤은 왜 이 일을 하는지, 이 일이 어떤
의미를 가질 수 있는지에 대해 고민하는 시간을 가져 보기 바란다. 그리
고 꼭 그에 대한 답을 찾았으면 좋겠다.

> 자신의 일에 자부심을 가져라. 일에 자
> 부심이 없다면, 그래서 의미를 찾을 수
> 없다면 그 일은 당장 그만두어도 좋다.
> 『어리버리 신입 사원 슈퍼 루키 되는 법』
> (문학세계사) 중에서

퇴근은 언제 해야 좋은가?

거짓 보고를 하는 것만이 상사를 속이는 것은 아니다. 열심히 일하는 척하는 것도 눈속임에 해당한다. 진정성을 갖고 자신의 일에 몰입하는 것만이 낭비 없이 효율적으로 일하는 것이며 능력을 인정받는 지름길이 된다.

예전에 인터넷 뉴스를 보다가 신입 사원들이 입사 후 가장 궁금해하는 것 중 하나가 '퇴근을 언제 해야 적당한가?'라는 질문이라는 설문 결과를 보았다. 사실 임원이 된 지금도 언제가 퇴근하기 좋은 시간인지 궁금하긴 하다. 퇴근 시간은 분명 6시라고 정해져 있는데도 말이다. 어떤 회사들은 일주일의 특정 요일을 정해 가정의 날이라며 정시 퇴근을 독려한다. 마치 그날을 빼고는 다른 날은 야근을 하라는 것 같아 오히려 불편한 마음이 들기도 한다. 왜 우리 사회는 일을 많이 하는 것을 미덕으로 여기는 걸까?

10년도 더 지난 일인 것 같다. 대리 시절이었는데 한 번은 전무님이 퇴근을 하면서 내가 근무하고 있던 층을 한 바퀴 둘러보고 간 적이 있다. 8시가 넘은 시간이었는데 그날따라 야근하는 사람이 거의 없었다. 전무님은 문을 나서면서 기어코 '우리 부서는 별로 바쁜 일이 없나 봐?'라는 말을 한 마디 남기고 사라졌다. 다음날부터 각 팀 별로 불침번을 서듯 스케줄을 짜서 야근을 해야 했다.

물론 지금은 예전보다 일과 일상생활에 균형을 잡는 것이 중요하다고 생각하는 사람이 많이 늘었다. 그러니 불침번을 서듯 야근 조를 만드는 얼토당토않은 일은 일어나지 않을 것이다. 하지만 일각에서는 여전히 야근을 밥 먹듯 해야 하는 회사들이 있다. 눈치 보지 않고 퇴근한다는 회사에서도 정시에 칼 퇴근을 하는 것은 부담스럽다. 그래서인지 6시가 되면 책상이 저절로 올라간다는 외국의 어느 회사가 화제가 된 적도 있다.

한국의 직장 문화에서는 야근을 많이 하는 사람이 곧 일을 열심히 하는 사람이라는 인식이 팽배해 있다. 적지 않은 상사들이 그런 시선에서 야근을 바라본다. 그러니 늦은 시간까지 자리를 차지하고 있는 사람은 수두룩한데 정작 그들이 효율적으로 일을 하고 있는지는 의문이다. 보여 주기 식의 야근을 하다 보니 앉아 있는 사람도 괴롭고 쓸데없는 에너지만 낭비될 뿐이다.

근무 시간에는 일에 몰입하라

야근을 하는 사람이 일을 열심히 한다는 인상을 줄 수는 있지만 이는 일을 잘하는 것과는 별개의 문제다. 매번 밥 먹듯 야근을 하는데도 일을 잘한다는 평가를 받지 못하면 오히려 능력 없는 사람으로 낙인 찍힐

수 있다. 진짜 상사들이 좋아하는 사람은 야근을 하는 사람이 아니다. 상사에게 열심히 일한다는 것을 어필하고 싶다면 오랜 시간 자리만 지키고 앉아 있지 말고 결과를 보여 주는 편이 낫다. 백날 야근을 해도 상사가 원하는 성과물을 내지 못하면 아무 소용이 없다. 몸만 고생할 뿐이다.

정해진 업무 시간에 몰입해서 일하고 몰입한 만큼의 결과물을 내놓는 것이 더 효율적이다. 근무 시간에 자리를 수시로 비우고, 회의 시간에도 스마트폰을 손에서 놓지 않으며, 책상 모니터에는 늘 쇼핑몰 사이트가

떠 있다면 아무리 야근을 한다고 한들 어느 상사가 열심히 일한다고 인정해 줄 것인가. 오히려 일도 안 하면서 야근 수당만 챙겨 가는 꼴불견이라고 욕을 할 것이다.

리더마다 차이가 있기는 하지만, 재촉하지 않는 스타일의 상사도 사실은 말을 안 할 뿐 늘 완료 시간을 생각하고 있다. 속으로는 지시한 일에 대해 언제쯤 결과물을 가져올 것인가를 생각하고 있는 것이다. 많은 직원들이 기다리다 못한 상사의 요청에 거의 됐다거나 혹은 아직 못했다며 머리를 긁적거린다.

상사가 원하는 것은 맡긴 일에 대한 결과를 얻어 내는 것이다. 그 결과를 만들기 위해 필요한 경우라면 야근을 해야 한다. 보여 주기 식의 야근을 한다 해도 상사의 재촉이 있기 전에 원하는 결과를 제시해 주지 못하면 오히려 무능함을 확인시켜 줄 뿐이다.

몇 년 전 어느 컨설팅 회사의 조사에 따르면 한국 직장인들의 몰입 수준은 17%로, 10명 중 2명도 안 되는 사람만이 업무에 몰입한다는 결과가 나왔다. 전 세계 평균은 35% 정도였다. 회사와 리더가 일에 대해 몰입할 수 있는 환경을 만들어 주는지도 따져 보아야겠지만 어쨌거나 맡은 일과 역할에 대해 스스로 몰입할 수 있는 능력도 중요한 역량이 된다.

근무 시간에 몰입하고 상사의 재촉이 있기 전에 한 발 앞서서 일을 처리하는 직원, 그런 사람을 상사는 원한다. 거짓 보고를 하는 것만 상사를 속이는 것은 아니다. 열심히 하는 척, 모르는 것을 아는 척하는 것도 결국 진정성 없는 눈속임에 해당한다. 진정성을 갖고 자신의 일에 몰입하는 것만이 낭비 없이 효율적으로 일하는 것이며 능력을 인정받는 지름길이 된다. 그러니 몇 시에 퇴근해야 할지 눈치 보며 야근하지는 말기 바란다.

시킨 일과 시키지 않은 일

상사가 시키지 않은 일에 내 고민, 내 생각, 내 전략, 내 아이디어가 들어가면 그 순간부터 그 일은 내 것이라는 주인의식과 책임감이 생기고 그래서 더 신나게, 더 재미있게 일할 수 있다.

학창 시절 내내 우리는 대부분 시킨 일을 하며 살아왔다. 시키지 않은 일을 하면 곧 꾸중이나 벌이라는 결과를 초래하곤 했다. 시키지 않은 일을 한다는 것은 반항과 다르지 않았다. 부모님, 선생님의 말을 잘 듣는 것이 곧 성공하는 길이었다. 하지만 부모님과 선생님의 품을 떠나 사회에 나와서도 때론 직장 상사가 같은 역할을 할 때가 있다. 그래서 여전히 우리는 누군가의 지시에 따르고 살아야 한다. 슬픈 일이지만 그것이 현실이다.

직장에서의 일은 크게 두 가지로 나뉜다. 시킨 일과 시키지 않은 일. 그리고 사람도 두 부류가 생긴다. 시킨 일을 하는 사람과 시키지 않은 일을 하는 사람.

당신은 어떤 사람이 되고 싶은가? 우리가 살아왔던 대로라면 당연히 시키는 걸 잘하는 사람이 되고 싶을 것이다. 그것이 칭찬을 받는 안전한 길이니까, 시키지도 않은 일을 했다가 오히려 더 안 좋은 상황이 일어날 수도 있을 테니까 말이다.

하지만 나는 여러분들에게 시키지 않은 일을 하라고 권하고 싶다. 단 한 가지 조건은 직장 상사가 제시하는 큰 방향에서 어긋나서는 안 된다는 것이다. 그러기 위해서는 명확하게 상사가 원하는 방향이 무엇인지, 상사가 가려워하는 곳이 어디인지 파악하는 일이 꼭 선행되어야 한다. 어려운 일이겠지만 직접 물어볼 수도 있고 회의 시간에 한 상사의 말을 몇 번이고 되새겨 보면서 파악할 수도 있다.

수동적인 사람이 되지 마라

사실 상사가 가려워하는 곳을 잘 짚어 내기란 여간 어려운 일이 아니다. 어떤 상사는 자신이 원하는 것이 무엇인지조차 모를 수 있고, 또 어떤 상사는 가르쳐 달라고 질문을 하면 '내가 그런 것까지 일일이 알려 줘야 하느냐'며 핀잔을 줄 수도 있다. 그러다 보니 대부분은 적당히 상사가 지시한 일만을 하는 경우가 다반사다. 하지만 이렇게 되면 결국에는 시킨 일만 하는 수동적 사람이 되기 쉽다. 그런데 상사는 일을 지시하면서 내심으로는 자신의 지시보다 더 발전된 것이 나오길 바란다. 그러나 대부분의 직장인들은 안전을 지향한다. 시킨 일만 잘 처리하면 적어도 욕을 먹지는 않기 때문이다.

그러다 보니 그 일은 내가 생각한 것도, 내가 원한 것도 아닌 일이 되고 결국 재미없고 하기 싫은 일로 변질되고 만다. 좋은 성과를 낼 리도 없다.

남의 일이 아닌, 나만의 일을 만들어라

나는 여러분이 이 시점에서부터 다른 고민을 해보길 바란다. 상사가 원하는 가려운 곳을 긁어 줄 수 있으면서 시킨 일보다 더 괜찮은 일이 뭔지 찾아내는 고민 말이다. 이 고민이 시작되면 그때부터 그 일은 내 일이 될 수 있다. 그렇게 시키지 않은 부분까지 스스로 찾고 고민하기 시작한다면, 그때가 더 좋은 성과가 나올 가능성의 출발점이 된다. 시킨 일보다 시키지 않은 일에 내 고민이, 내 생각이, 내 전략이, 내 아이디어가 들어가는 그 순간부터 그 일은 내 것이라는 주인 의식과 책임감이 생긴다. 그래서 더 신나게, 더 재미있게 일할 수 있게 된다.

처음에는 시킨 일에서부터 더 좋은 방향과 더 나은 방법을 찾을 수 있을 것이다. 이것이 반복되면 차차 아예 시키지도 않은 일을 찾아내고 거기에 새로운 의미를 부여하는 일까지 자연스럽게 할 수 있게 된다.

이렇게 시키지 않은 일에 대해서 성과를 내는 횟수가 많아지면, 여러분은 그저 위에서 시키는 대로 내키지도 않는 일을 하게 될 확률이 줄어들게 된다. 즉, 재미없는 일을 할 확률이 줄어드는 것이다. 그뿐 아니라 자유도 따라온다. 저 사람은 일을 시키기보다 가만히 내버려 두어도 무언가 성과를 만들어 내는 사람이라는 인식이 만들어지면, 이때부터 당신은 스스로 생각해서 일을 만들어 내고 그 일을 할 수 있는 자유가 생기게 되는 것이다.

통신사에 입사한 지 얼마 되지 않은 시절 누구도 내게 폰클리닝 서비스를 만들라고 한 사람은 없었다. 내가 하고자 한 것은 그저 어떻게 하면 우리 회사의 브랜드 선호도를 높일 수 있느냐는 것뿐이었다. 책상에 수많은 종류의 클리너와 세척제, 흠집 제거제 등을 놓고 아무도 시키지 않은 일을 했다. 선배들은 왜 시키지 않은 일을 하느며 잔소리를 하기도 하고 시간이 남아 도냐며 비웃기도 했다. 그래도 나는 재미있었다. 분명 고객들이 좋아하는 서비스가 될 것이라는 확신이 있었다.

결국 나는 상무로부터 괜찮은 아이템이라는 평가를 듣고 수개월에 걸친 작업 끝에 성공을 맛보았다. 그 후부터 나는 누군가가 하라고 지시한 일을 하는 사람이 아닌 나만의 프로젝트를 해 나갈 수 있는 사람이 되어 있었다. 나는 그때 직장 초년생이라 해도 자신만이 생각해 낼 수 있는 일을 찾게 되면 재미없는 일(이것은 순전히 내 기준에서 내가 잘하지도 못하고 별로 끌리지도 않은 일을 말한다.)에 시간을 허비하지 않을 수 있다는 것을 깨달았다.

시키는 일만 하는 사람은 계속 내 일이 아니라 남의 일을 도와주게 될 확률이 높다. 그러니 당신도 시키지 않은 일을 한 번 찾아 해보라.

상사와의 연애

일을 잘하는 것만으로 회사 생활을 잘한다고 평가받을 수는 없다. 함께 일하는 사람의 마음도 함께 얻어야 한다. 사람의 마음을 얻는 일, 직장 상사의 마음을 사로잡기 위해 해야 하는 일은 사랑하는 사람을 사로잡기 위해 하는 일과 다르지 않다.

상사들은 신입 사원에게 특별한 것을 바라지 않는다. 흔히 신입 사원을 '새로운 피'라 부른다. 그만큼 신선하고, 활력이 된다는 뜻이다. 사실 신입 사원의 우렁찬 인사 소리 하나에도 칙칙한 사무실 분위기가 달라진다. 상사들은 새로운 피와 같은 신입 사원들이 조직에 활력을 불어넣어 주길 바라고, 그간 선배들이 힘들게 해왔던 궂은일을 맡아 해주길 바란다. 그리고 회의 시간에는 기존의 사원들이 하지 못하는 새롭고 신선한 생각들을 제안해 주길 바란다.

딱 그 정도다. 신입 사원에게 그 이상의 것을 원하는 상사는 거의 없다. 오히려 상사에게 신입 사원이란 여러 가지 회사 규칙이나 업무를 가르쳐야 하고, 일일이 챙겨 줘야 할 조금은 귀찮은 대상으로 인식될 때가 더 많다.

당신은 어떤 신입 사원이 되고 싶은가? 당연히 미운 오리 새끼가 되고 싶지는 않을 것이다. 그렇다면 상사들이 신입 사원들에게 원하는 딱 그 정도만큼은 확실하게 해주는 게 중요하다.

실력보다 태도로 승부하라

신입 사원들은 본인의 전공에 맞게 각 부서에 배치되었을 확률이 높다. 그렇다 하더라도 회사의 업무에 대해 알아가기 위해서는 몇 달의 시간이 필요하다. 때문에 입사 초기에 '나는 괜찮은 신입 사원이다'라는 확실한 존재감을 심어 주기 위해서는 실력보다는 태도에서부터 승부를 내야 한다.

우선, 가능하다면 일찍 회사에 가는 것이 좋다. 일찍 회사에 온다고 미워할 상사는 아무도 없으니까. 하지만 절대 쓸데없이 일찍 올 필요는 없다. 일찍 와서 자리에 가만히 앉아 있는 것은 그리 큰 인상을 주지는 못한다. 대신 일찍 와서 스스로 할 수 있는 것이 무엇인지 파악해 보길 바란다. 혹시 문서 수발실에서 신문을 갖다 놓는 일을 선배가 하고 있었다면 그걸 대신 할 수도 있고, 전날 팀 회의 후 회의실 정리가 안 되어 있다면 회의실을 정리해 놓을 수도 있다. 팀장님 옆자리에 있는 칠판의 얼룩이 더러우면 물 티슈로 깨끗이 닦아 놓을 수도 있다.

힘든 일이 아니고 거창한 일이 아니어도 뭐든 내가 팀을 위해 할 수 있는 일을 찾고 묵묵히 실천하라. 처음에는 눈치채지 못하더라도 시간이 갈수록 당신이 조금씩 변화시킨 일이 쌓이고 쌓여 선배들은 그 변화를 알아차리게 될 것이다. 그리고 그것이 당신으로부터 시작된 것이라는 게 알려지면서 당신은 성실하면서 센스 있는 신입 사원으로 긍정적인 마일리지가 계속 쌓이게 될 것이다. 상사들은 신입 사원이 들어오고 난 후 일어나는 변화를 보며, 그것이 직접적인 업무와는 관련이 없다 할지 언정 당신을 뽑길 잘했다는 말들을 하게 될 것이다.

신입 사원이 직장 상사에게 예쁨 받는 일은 어렵지 않다. 다만 방법을 모르거나 혹은 그 방법을 찾기 위해 노력하는 신입 사원이 많지 않을 뿐이다. 면접 때는 우렁차고 깍듯하게 인사하던 사람이 입사하고 나면 며칠 만에 인사도 하지 않고 지나치는 경우도 자주 봤다. 웃으며 소리 내어 "안녕하십니까?"라고 정겹게 인사하는 게 어려운 일인가? 인사만 잘해도 예의 바르다는 소리를 들을 수 있고 그것 역시 좋은 인상을 만들어 가는 중요한 요소가 된다.

회사 생활을 연애하듯 하라

직장은 여러 사람이 함께 일하는 곳이다. 그래서 사람과 사람 사이에 발생할 수 있는 희노애락의 문제들이 발생한다. 누구나 슬프고 화나는 직장 생활보다는 기쁘고 즐거운 회사 생활을 원할 것이다. 기쁘고 즐거운 회사 생활은 사람과의 관계를 통해 발현된다. 그러다 보니 입사를 하고 나면 어떻게 상사의 마음을 얻을 수 있을 것인가에 대해 고민하는 순

고마워~ 잘 마실게.
상사와의 연애쿠폰
1 2 3 4 5
6 7 8 9 10
11 12 13 14 15
16 17 18 19 20
다 찍으면 승진!!
아싸! 쿠폰 하나 또 찍었다.
주말마다 부장님이랑 등산 간다며? 마일리지 많이 모았겠네~
…

간이 찾아온다. 연애를 해본 경험이 있다면 사랑하는 사람의 마음을 얻기 위해 했던 일들을 떠올려 보라. 그 사람이 좋아할 만한 것을 고민해서 선물해 주기도 하고, 전화를 걸어 안부를 묻기도 하고, 밥은 먹었는지 아프지는 않은지 끊임없이 관심을 가졌을 것이다. 재미없는 이야기도 들어주고 때로는 함께 고민하고, 그 사람을 위해 편지를 쓰거나 무언가를 만들어 주기도 했을 것이다.

이제 회사에 들어온 이상 우리는 인생의 30% 이상의, 많게는 절반 이상의 시간을 상사와 동료들과 함께 보내야 한다. 연애할 때 상대방의 마음을 사로잡기 위해 많은 시간과 공을 들인 것처럼 회사에서도 같은 방법으로 사람을 대해야 한다. 일을 잘하는 것만으로 회사 생활을 잘한다고 평가받을 수는 없다. 함께 일하는 사람의 마음도 함께 얻어야 한다. 사람의 마음을 얻는 일, 직장 상사의 마음을 사로잡기 위해 해야 하는 일은 사랑하는 사람을 사로잡기 위해 하는 일과 크게 다르지 않다.

커피 심부름을 하나 하더라도 그 혹은 그녀의 취향이 무엇인지, 아메리카노를 좋아하는지 바닐라 라떼를 좋아하는지, 시럽은 넣는지 안 넣는지 세심하게 알고 준비한다면 당신을 좋아하지 않을 수 없을 것이다. 좋아하는 사람이 시험 기간이라 피곤해하는 걸 보고 커피나 피로 회복제를 전해 준 기억이 있다면 똑같은 마음으로 내 팀장이나 내 사수가 야근으로 피곤해할 때 피로 회복제 하나라도 책상에 올려놓아 보라. 처음

엔 낯설어도 누군가로부터 관심을 받는다는 마음에 진심으로 좋아할 것
이다. 상사와 동료를 사랑하는 연인이라고 생각해 보길 바란다. 결코 마
음에도 없는 아부를 하라는 것이 아니다. 진심이 없는 행동, 겉과 속
이 다른 행동은 오히려 안 좋은 인상을 줄 수도 있다. 다만 나와
오랜 시간을 함께 해야 할 선배들의 마음을 얻기 위해 그들을 이해하고
이해한 만큼 표현해 보기를 권하고 싶다. 상사와 연애를 한다고 생각해
보고 그들의 마음속으로 다가가 보라.

최대한 빨리 성공을 체험하라

성공도 해본 사람이 잘하게 되어 있다. 도전과 실패 속에서 성공을 체험하면 그 모든 과정은 누구도 빼앗을 수 없는 자산이 된다. 기회가 될 때마다 겁먹지 말고 손을 들고 도전해야 성공에 다가설 수 있다

언론사에 다니던 시절, 인터넷 신문 사이트 이외에 지식을 공유하는 사이트를 만들고 운영한 적이 있었다. 지금으로 따지면 '네이버 지식인' 같은 성격의 사이트였다.

2000년도, 한참 인터넷 서비스가 발전하던 때에 나는 지식 공유 사이트에 올라오는 다양한 질문과 답변을 보는 것만으로도 흥분되고 신이 났다. 지식을 공유한다는 개념 자체에 매료된 수많은 골수 팬들이 생겨났고 또 궁금한 것이 있는 사람들이 하나 둘 질문을 올리는 숫자도 늘어갔다. 정확히 어떤 계기에서인지 모르겠지만 나는 우리가 운영하던 사이트에 올라오는 질문과 답변들이 너무 재미있어서 이런 질문과 답변을 책으로 만들면 어떨까 하는 생각을 했다. 지금이야 온라인상의 콘텐츠를 기반으로 수많은 책이 만들어지고 있지만 당시에는 온라인 콘텐츠를

오프라인으로 출판화하는 기획 자체가 획기적인 일이었다.

　'엿 먹어라'가 욕이 된 이유는 무엇인가요?

　영국, 일본은 왜 차들이 좌측으로 통행하나요?

　이태리 타월은 정말 이태리에서 유래된 것인가요?

　남자, 여자의 옷 단추 구멍은 왜 방향이 서로 다른가요?

　엘리베이터 닫힘 버튼을 누르면 정말 전력이 더 소모되나요?

　예를 들어 이런 질문이 올라오면 어디선가 나타난 유저들이 자신의 지식을 동원해서 금세 답변을 해주었다. 그때는 네이버에 지식인 서비스가 없었으므로 당연히 이런 질문을 해도 인터빗에 바로 바로 답이 나오지 않았다. 그야말로 유저들 본인이 알고 있는 머리 속의 지식을 공유해야 했다.

　나는 사이트에 올라온 재미있는 질문과 답변을 모아 책을 만들면 분명 많은 사랑을 받을 것이라 확신했다. 우선 기획서를 써서 본사의 출판국에 출간 의사를 물었다. 단칼에 거절이었다. 당연히 될 줄 알았는데 좀 충격이었다. 그렇지만 포기하지 않고 기획서를 다시 다듬어서 대형 출판사들의 문을 두드렸다. 하지만 모두 하나같이 내 기획서를 받아 주지 않았다. 실망을 하고 기획서를 접어야 하나 말아야 하나를 고민하고 있을 때 '문학세계사'에서 연락이 왔다. 책으로 만들어 보고 싶다고 했다.

하지만 기획서가 통과되었다고 해서 바로 책이 만들어지는 건 아니었다. 재미있고 유익한 질문과 답변만을 다시 가려 정리하고, 저작권을 해결하기 위해 질문과 답변을 올린 네티즌들의 동의서 수백 장을 하나하나 팩스로 받았다. 저작권을 인정하는 의미를 담아 질문과 답변 하나당 수익을 배분하는 계약을 체결했다. 질문과 답변이 재미있는 것들이니 재미있는 삽화도 그려 넣기로 하고 그림 작가를 섭외하여 그림도 완성했다. (이때의 인연으로 그림 작가였던 정훈이 씨는 이번에도 그림을 그

리게 되었다.) 기획부터 출간까지 족히 몇 달은 걸렸던 듯하다. 직장 생활 2년차인 꼬꼬마 시절이었지만 당시 팀장님의 아낌없는 지원을 받으며 기획에서부터 출간까지 전 과정을 처음으로 혼자서 진행했던, 내게는 너무나 소중한 경험이었다.

책이 처음 나온 날, 나는 혼자 교보문고 한쪽에서 판매대 위에 놓인 책들을 보고 있었다. '누가 저 책을 정말 사 주기는 할까?' 마음을 졸이며 몇 시간을 서서 기다렸을 때 누군가 책을 사 갔다. 정말 기뻤다. 울 정도까지는 아니었지만 그간의 고생이 떠올라 한동안 먹먹한 기분이 들었다.

그 책은 그해 어느 주엔가는 『누가 내 치즈를 옮겼나?』 다음으로 많이 팔려 종합 베스트셀러 2위를 차지하기도 했다. 이 일로 여러 방송 매체에 책이 소개되었고 인터뷰도 몇 번 했다. 베스트셀러인 만큼 판매량도 상당했다. 회사 차원에서 수익도 챙길 수 있었고 온라인 콘텐츠를 출판화하거나 콘텐츠에 대한 수익 나눔 모델 등도 화제가 된 사례였다. 직장 생활 2년차에 이뤄 낸 성공 치고는 무척이나 큰일이었다.

실패해도 괜찮아

나는 가끔 생각해 본다. 만약 여러 출판사에서 기획서가 거절되었을 때 그냥 포기했더라면 어떻게 되었을까 하고 말이다. 나는 내 직장 생활의 모습 자체가 많이 바뀌었을 것이라고 생각한다. 그때의 성공 체험이 지금껏 남부럽지 않은 직장인으로 살아갈 수 있었던 계기가 되었다고 생각한다. 나는 그때의 성공 체험을 자양분 삼아 더 힘을 내며 직장 생활을 할 수 있었다.

내가 이 이야기를 들려주는 이유는 가능하다면 당신도 빨리 성공 체험을 해보길 바라기 때문이다. 성공 체험을 하기 위해서는 많은 도전이 필요하다. 도전을 하기 위해서는 발 벗고 나서야 한다. 성공할 수 있을까? 내가 할 수 있을까? 이런 걱정은 뒤로 미뤄도 된다. 아니 실패해도 괜찮다. 실패하는 것이 안 하는 것보다 낫고 실패하다 보면 성공할 확률이 높아질 것이다.

성공도 해본 사람이 잘하게 되어 있다. 도전하고 실패하고 거기에서 배우고 그러다가 성공하면 그 모든 과정이 당신의 온전한 커리어(경력)가 된다. 그것은 누구도 빼앗을 수 없는 자산이다. 그것은 결국 성공을 체험한 사람은 앞으로 더 크게 성공할 가능성이 높다. 기회가 될 때마다 겁먹지 말고 도전하고 실패하라. 그리고 마침내 꼭 성공을 맛보길 바란다.

직장인 생활 계획표

목표가 없다는 것은 갈 곳을 정하지 않은 채 배를 모는 것과 같다. 목적지 없이 배를 모는 선장은 없다. 직장 생활 역시 마찬가지다. 10년 후, 20년 후 무엇이 되고 싶은지를 설정하는 마스터 플랜이 필요하다.

초등학교 시절에 방학이 되면 으레 생활 계획표를 만들어 실천한 경험이 있을 것이다. 나 또한 공부를 하다가도 텔레비전을 보기로 한 시간이 되면 책과 공책을 팽개치고 후다닥 텔레비전 앞으로 달려간 기억이 생생하다.

그런데 어느 순간부터 우리는 더 이상 생활 계획표를 만들지 않고 살고 있다. 탁상 달력이나 구글 캘린더에 중요한 약속과 일정을 적어서 꼭 해야 할 일을 기록하기는 하지만 마땅한 계획표 같은 것은 없다.

하지만 직장 생활에도 계획표가 필요하다. 매일 하루 동안 어떻게 살고 무엇을 하겠다는 식의 일일 생활 계획표를 만들라는 것이 아니다. 짧게는 1년에서부터 길게는 30년까지 직장인으로서의 마스터 플랜을 만들어 보라는 것이다.

여러분 중에는 입사 면접을 볼 때 면접관으로부터 10년 후 자신의 모습에 대해 말해 보라는 질문을 받은 사람이 있을 것이다. 면접관이 10년 후 당신의 모습이 궁금해서 이런 질문을 하지는 않았을 것이다. 그것은 아마도 당신이 어떤 명확한 목표를 가지고 미래를 준비하는 사람인지를 확인하기 위한 질문이라고 볼 수 있다. 목표가 있는 사람과 없는 사람의 차이는 크기 때문이다.

목표를 달성하는 재미를 맛보라

재테크를 어떻게 해야 하는지에 대한 기초 설명을 들으면 대부분 저금하는 재미를 먼저 알아야 한다고 충고한다. 아무런 목적과 목표가 없으면 돈을 모으려는 의지가 낮을 수밖에 없다. 그래서 돈을 모을 때 목적과 그에 맞는 목표를 설정하라고 한다. 가령 ‘1년 뒤 300만 원으로 여행을 가야겠다’는 명확한 목적(여행 가기)이 있다면 목표(1년, 300만 원)를 달성할 수 있는 계획을 짜야 할 것이다. 1년 간 300만 원을 모으려면 한 달에 25만 원을 저금해야 한다. 그러면 25만 원을 아끼기 위해 어느 항목의 비용을 줄인다거나 혹은 사지 않는 등의 구체적인 계획을 만들어야 한다. 계획에 따라 잘 실행하고 나면 1년 뒤 자신의 목표를 이루게 될 것이다. 목표를 달성하고 성취감을 맛본 사람은 돈 모으는 재미를 알게 된다. 그렇게 작은 것에서부터 시작해서 5년 후에 차를 사겠다, 10년 후에 집을 사겠다는 목표를 세우게 되면 더 어렵고 구체적인 계획들을 짜고 실천 방법을 모색하게 된다. 성공을 한 번 체험해 보았기 때문에 높은 목표를 설정한다 해도 인내하며 성공하고 싶은 욕망을 갖게 되는 것이다.

어른들이 돈을 모으려면 빨리 결혼하라는 이유가 바로 여기에 있다. 사랑하는 사람과 좋은 집에서 살고 싶고, 내 자식에게 더 맛있는 것을 사주고 좋은 환경에서 공부하게 해주고 싶다는 목적이 생기기 때문이다. 목적이 생기면 그에 맞는 목표를 세운다. 그렇게 되면 더 이상 미혼일 때처럼 돈을 함부로 쓰지 못하게 된다.

목표가 없는 것은 목적지를 설정하지 않고 배를 모는 것과 같다. 아무 목적지 없이 배를 모는 사람은 없을 것이다. 직장 생활 역시 마찬가지다. 나는 10년 후, 20년 후 무엇이 되고 싶은지를 설정하는 것이 좋다.

구체적인 목표를 세워라

만약 당신이 마흔 살에 임원이 되고 싶다는 목표를 세웠다면 그에 걸맞은 세부 계획을 짜야 한다. 임원을 적극적으로 권하고 싶지는 않지만 직장인으로 살아가겠다면 이왕이면 높은 목표를 잡는 것이 마땅하다. 목표가 너무 높으면 실행하기도 전에 포기해 버리는 단점도 있지만 높은 목표는 다른 방법, 혁신적인 방법을 찾는 데 도움이 된다. 그저 그런 목표는 그저 그런 방법으로 그저 그런 결과만 만들어 낸다. 만약 당신이 스물일곱 살의 남성이고 이제 갓 회사에 취직을 했다면 보통 사원 3년, 대리 4년, 과장 5년, 차장 4년, 부장 4년까지(물론 회사마다 진급 기간이 다를 수 있다.) 적어도 20년은 지나야 임원이 될 기회를 맞게 된다. 하지만 마흔 살에 임원이 되려면 최소 서른일곱에 부장을 달고 기회를 봐야 한다. 그렇다면 어떤 방법으로 기간을 줄일 것인가? 각 진급 기간을 특진으로 줄여야 하며 마흔이 되기 전에 부장을 달고 임원으로 승진할 수 있는 성과를 내야 한다.

목표를 이루고는 싶은데 계획대로 되지 않는다면 다른 방법을 찾을 수도 있다. 지금의 직장에서 불가능하다면 이직을 해서라도 직급을 높이는 방법이 있다. 아주 단순하게 예를 들어 보았지만, 이처럼 목표가 있어야 계획이 세워지고 그 계획에 따라 움직일 수 있는 것이다.

시중에는 '간절하게 바라면 이루어진다'라는 메시지를 전하는 책들이 많다. 나는 그런 책을 사서 읽어 보지는 않았지만 그 말에는 동의한다. 간절하게 바라기만 하고 가만히 앉아서 기다리는 사람은 없을 테니까. 간절히 바라면 그 목표에 맞춰 스스로 나아갈 수밖에 없다. 간절함이 나를 목표로 이끄는 것이고 결국 목표에 도달하도록 움직이게 만든다. 목표를 세우고 방향을 정하고 계획을 짜야 하는 것은 바라는 것을 이루기 위해 반드시 필요한 과정이다.

앞서 예를 든 것처럼 꼭 빨리 승진하고 출세하겠다는 목표를 세우라는 말은 절대 아니다. '나는 무엇을 바라고 원하는가? 그것을 이루기 위해 나는 구체적으로 어떻게 살 것인가?'라는 질문에 답을 해보고 그에 따라 실천할 수 있는 계획표를 세워 보라는 것이다. 거창한 목표가 부담되면 작은 목표부터 세워 시작하는 것이 좋다. 결국 당신은 머지않아 많은 것을 이루어 낸 사람이 되어 있을 것이다.

술자리의 의미

직장인의 술자리는 단순히 술을 마시고 즐기는 자리가 아니다. 사무실에서 하지 못했던 이야기를 주고받을 수 있는 소중한 자리, 그간 속마음을 알 수 없었던 동료나 상사에 대해 이해하고 서로의 고민을 조금씩 나눌 수 있는 자리가 될 수도 있다.

대학을 졸업하고 회사에 갓 취직한 여러분은 대개 애인이나 친구들을 만나거나 자기 계발에 필요한 무언가를 배우러 다니는 등 퇴근 후에도 여전히 바쁜 시간을 보내고 있을 것이다. 그래서인지 일부러 술자리를 피하는 것도 아닌데 정말이지 직장 상사들과 술자리를 가질 시간이 없는 것처럼 보인다. 하지만 상사의 입장에서는 퇴근 후 가방 챙겨 나가기 바쁜 신입 사원의 뒷모습을 보면서 씁쓸해할 수밖에 없다.

반면 신입 사원들은 상사들은 왜 매일 야근을 하고 난 후 집에 가지도 않고 술자리를 만드는지 도무지 이해할 수 없다고 한다. 하지만 여러분들도 한 번쯤은 그 이유를 생각해 볼 필요는 있다.

보통 30대 중반에 접어든 과장급 남자 상사들은 결혼도 하고 아기도 있을 것이다. 아이가 태어나면 집에 일찍 들어가려고 애쓰는 부류가 있

는 반면, 최대한 늦게 들어가서 집안 일에서 받을 스트레스를 원천 봉쇄
하고자 하는 부류도 있다. 그래서 때로는 야근을 하고 또 그런 핑계를 대
서 술자리를 갖기도 한다.

차·부장급이면 대부분은 마흔 줄에 들어섰을 것이고, 자녀가 초등
학생 이상이 되면 엄마는 엄마대로 아이는 아이대로 각자의 생활을 하
게 된다. 집에서는 아빠의 자리가 줄어든 반면 회사에서는 실무 관리자
로서 중요한 위치에 오르게 되고, 그로 인해 스트레스도 많이 받게 된다.
언뜻 일은 아래 직원들이 전부 하는 것처럼 보이겠지만 그 시기 관리자
들이 받는 심리적인 압박감은 엄청나다. 차장급 이상이 되면 임원들이
쏜 총알을 온몸으로 받아 내며 성과도 내고 정치도 해야 한다. 경우에 따
라서는 임원이 부르는 술자리에 따라다니며 아부를 해야 하고 인사 고
과나 승진 등에 신경을 써야 하기도 한다. 이직을 하려 해도 몸값이나 연
차가 커져서 대리, 과장급일 때와는 다르게 움직일 수 없는 경우도 많다.
그 때문에 야근도 많이 해야 하고, 회사에서 보내는 시간이 점점 늘게 된
다. 또 이런저런 스트레스로 술 한 잔 기울일 일도 잦아지는 것이다. 이
러한 상사들의 속사정을 알 리 없는 신입 사원의 입장에서는 '만날 술만
먹는 인간' 정도로 상사들을 바라볼 때도 있다.

술자리에서 정보를 얻어라

내가 이 이야기를 꺼낸 것은 신입 사원이라면 상사와의 술자리를 무

조건 챙겨야 한다는 말을 하고 싶어서가 아니다. 하지만 혹시라도 상사로부터 '술 한 잔 할래?'라는 이야기를 들었다면 그건 의미 있는 술자리가 될 수 있다고 생각해도 좋다. 회사에서는 들을 수 없는 영양가 있는 조언을 술자리에서 듣게 될 수도 있고, 신입으로서는 알 수 없는 회사에 대한 고급 정보를 얻을 때도 많다. 꼭 그런 것이 아니라고 해도 그저 서로를 조금 더 알아가는 자리가 될 수도 있다. 인생 선배이기도 한 상사의 삶을 조금 더 이해하게 되고, 그래서 같이 일하는 것이 조금 더 매끄러워지는 계기가 될 수도 있다. 그러니 부디 그런 기회를 놓치지 말라는 이야기다.

이렇듯 직장인에게 술자리는 단순히 술을 마시고 즐기는 자리가 아니다. 사무실에서는 하지 못했던 이야기를 주고받을 수 있는 소중한 자리다. 그간 속마음을 알 수 없었던 동료나 상사에 대해 이해하고 서로의 고민을 조금씩 나눌 수 있는 자리가 될 수도 있다.

직장인들이 퇴근 후 술자리를 빌어 사무실에서 회의할 때는 쉽지 않았던 상사와 동료들을 온전하게 이해해 보는 시간을 가져 보는 것은 어떨까?

배운 도둑질이 평생 간다

지금 하고 있는 일에 그다지 흥미를 느끼지 못한다면 진지하게 고민해 봐야 한다. 많은 경우, 싫어도 어쩔 수 없이 한 번 발을 담근 업무 영역이 평생 해야 할 일이 될 가능성이 높기 때문이다.

나는 광고를 전공하지는 않았지만 대학 시절부터 광고에 관심이 많았다. 졸업을 앞두고 도전한 몇몇 공모전에서 수상을 하기도 했고, 광고가 천직이라는 생각까지 했다. 그래서 광고를 업으로 하는 직장에 취직하고 싶었다. 하지만 취업 준비가 한창이던 4학년 말, 입사 지원서를 내고 면접을 본 모든 광고 대행사에서 무참하게 떨어지고 말았다. 하지만 취업 재수 같은 건 아예 생각해 본 적도 없었으므로 미련을 버리고 작은 인터넷 비즈니스 회사에 들어갔다. 그 후 나는 내 바람이나 능력과는 별개로 온라인 영역에서 커리어를 쌓기 시작했다. 그러다 보니 원래 꿈꾸었던 광고 일과는 점점 더 멀어질 수밖에 없었다. 앞서 다녔던 회사의 경력은 언론사로 이직하면서 계속 이어졌고, 그곳에서도 온라인과 관련된 업무를 했다. 그리고 통신사에 입사했을 때도 그 분야의 일이 이어져 처음에는 무선 인터넷 콘텐츠를 기획하는 업무를 맡았다. 내가 하고 싶었던 마케팅 커뮤니케이션 업무를 맡게 된 것은 사회 생활을 시작하고 무려 7년이라는 시간이 흐르고 난 뒤였다. 사실 온라인에서 경력을 쌓은 사람이 마케팅으로 업무를 이동하는 경우는 그리 흔치 않다. 오랜 시간이 걸리긴 했지만 그래도 내가 하고 싶은 업무를 맡게 된 것은 정말 운 좋은 경우에 해당했다.

적성에 맞는 일인지 생각해 보라

신입 사원으로 입사해 자신이 원하는 일을 맡게 될 확률은 매우 희박하다. 대기업 신입 공채로 들어갈 경우엔 직군 정도만 비슷할 뿐 자신이 원하는 곳에서 일을 하기가 쉽지 않다. 아마 이 글을 읽고 있는 여러분 가운데에서도 지금 하고 있는 업무가 자신의 바람과는 다른 것이어서 아쉬움을 느끼고 있는 사람이 많을 것이다.

만약 진짜 원하고 또 잘할 수 있는 일이 있고, 지금 하고 있는 일에서 그다지 흥미를 느끼지 못한다면 진지하게 고민해 봐야 한다. 많은 경우, 어쩔 수 없이 한 번 발을 담근 업무 영역이 평생 해야 할 일이 될 가능성이 높기 때문이다.

자신은 상품 기획이나 마케팅 커뮤니케이션처럼 창의적인 일을 하고 싶었는데 어쩔 수 없이 인사부로 첫발을 들이게 되었다고 치자. 취직이 된 것만으로도 감사하며 계속 그 일을 담당한다면 대체로 당신은 앞으로 회사를 옮기더라도 계속 인사부와 관련된 일을 하게 될 확률이 높다.

잠시 주춤하는 사이, 내가 꿈꾸어 왔고 잘할 수 있는 일들과는 거리가 멀어진다. 그리고 어쩔 수 없이 주어진 일을 하는 직장인으로 살아가야 할 것이다. 자신이 하고 싶은 일을 하는 직장인과 마지못해 일을 하는 직장인이 느끼는 성취감의 차이는 그야말로 하늘과 땅 차이다.

당신이 지금 적성에 맞지 않는 일을 하고 있다면, 그런 차이를 시간이 가면서 더 절실히 느끼게 될 것이다. 그런 체험을 하고 싶지 않다면 세 가지 선택이 있을 수 있다.

첫 번째, 그냥 운명이려니 생각하고 먹고 사는 게 중요하니 좋건 싫건 맡겨진 일을 꾹 참고 하는 것이다. 여기에 대해서는 내가 조언해 줄 말이 별로 없다. 다만 분명한 것은 직장인으로 살면서 내가 지금 이 일을 왜 하고 있는지 끝내 적절한 답을 찾아내지는 못할 것이다.

두 번째는 퇴사하는 것이다. 정말 지금의 일이 나와 맞지 않는 일이고 회사의 구조상 본인이 하고 싶은 일로 업무 전환을 할 수도 없다면 최대한 빨리 다른 회사를 알아 보고 나올 준비를 하는 것이 좋다. 단 그 기간은 짧으면 짧을수록 좋다. 어차피 그 경력 사항을 이력서에 넣는다고 해서 도움이 되는 것도 아니기 때문이다. 어느 정도 이름이 알려진 회사에 몸담고 있다면 퇴사를 결정하기가 쉽지는 않을 것이다. 하지만 길게 보길 바란다. 어차피 우린 30년 넘게 일하면서 살아야 한다. 평생을 하기 싫고 잘하지도 못하는 일을 할 것인지, 내가 하고 싶고 잘할 수 있는 일을 할 것인지 긴 안목에서 선택해야 한다.

취업 준비생들은 모두 대기업이나 대기업이 아니더라도 이름 있는 회사에 들어가고 싶어 한다. 하지만 현실적으로 졸업을 앞두거나 이미 졸업한 취업 준비생들의 수에 비해 이름 있는 회사에서 채용하는 신입 사원의 수는 터무니없이 적다. 이른바 일류 대학에 들어가는 것보다 훨씬 더 힘들다. 그런데 취업 준비생들에 비해 경력 사원에게는 대기업의 문턱이 그리 높지 않다. 지금 당장은 규모가 작은 회사에 다닌다고 하더라도 본인이 하고 싶은 일을 '재밌게, 잘' 하면, 그래서 탄탄하게 경력을 쌓으면, 나중에 경력 사원으로 대기업에 입사할 기회는 얼마든지 있다.

이런 관점에서 나는 그 좁은, 또 그렇게 높은 대기업의 문턱을 넘기 위해 취업 재수까지 하며 시간을 쏟는 후배들의 모습이 안타깝다. 오히려 그 시간에 작은 회사라도 원하는 업무를 할 수 있는 곳에 들어가 경력을 쌓으라고 권하고 싶다. 규모가 작은 회사일수록 연차가 낮아도 비중 있는 일을 맡을 확률이 높다. 그런 일들을 맡으면서 몇 번의 성공적인 실적을 쌓는다면 그 다음에는 그토록 들어가고 싶었던 대기업에 들어가는 일이 어렵지 않게 된다. 구직 사이트를 한번 살펴보라. 신입을 뽑는 기업은 손에 꼽을 정도지만 경력 사원을 구하는 (이름 있는) 기업은 상당히 많다.

사실 이름 있는 회사, 대기업이 반드시 좋은 회사와 같은 개념은 아니라고 말해 주고 싶다. 연봉을 더 주고 복지가 좀더 좋고 누구나 알 만한 회사가 꼭 좋은 회사는 아니다. 주위를 둘러보라. 지금도 여러분들의 인생 선배들은 대기업을 뒤로 하고 이름은 없지만 더 일하기 좋은 회사를 찾아 떠나고 있다.

원하는 일을 찾아라

세 번째, 현재 맡고 있는 일이 마음에 안 들어도 회사가 마음에 든다면 일단 남아서 기회를 노리는 것이다. 나는 원했던 광고 기획의 업무를 맡는 데까지 7년의 시간이 걸렸다. 온라인이나 무선 인터넷과 관련된 업무는 내가 못하는 일은 아니었지만 그렇다고 하고 싶은 일도 아니었다. 하지만 회사가 좋았다. 그래서 회사를 떠나야겠다는 생각은 해보지 않았다. 언젠가는 광고를 집행하는 부서로 갈 수 있을 거라는 기대가 있었다. 여러 팀을 거치고 또 해당 부서에 가서도 광고 기획의 업무를 바로 맡을 수는 없었지만 결국 나는 내가 원하는 일을 하게 되었다. 하지만 이런 경우는 앞서 말했듯이 흔치 않다는 점을 분명히 말해 주고 싶다. 또 그렇게 되기 위해서는 그 일을 할 수 있는 준비가 충분히 되어 있어야 한다. 하고 싶다는 강렬한 욕망과 될 것이라는 자신감, 관련 업무에 대한 지식들이 필요하다. 이런 것들을 갖추고자 노력한다면 당신은 이미 그 길을 향해 가고 있는 것이나 다름없다.

정확히 기억나지는 않지만 나는 광고 업무와 무관한 부서에 있으면서도 회사의 광고에 대해 견해를 제시하거나 아이디어를 내고, 혹은 그와 유사한 업무를 맡았을 때 더욱 열심히 일했던 것 같다. 더불어 광고에 대한 끈을 놓지 않고 틈틈이 공부했다. 이렇게 차근차근 준비를 하다 보니 자연스럽게 부서 이동의 기회를 잡을 수 있었고 또 당장 주어진 광고 업무에 당황하지 않고 잘 해낼 수 있었다.

물론 나는 내 노력에 비해 운이 좋았다. 회사 생활을 하면서 대체로 내가 원하는 일들을 할 수 있었던 것은 운이 많이 따랐기 때문이다. 하지만 어떤 일이든 재미있게 해보고 일의 의미를 찾아내려는 긍정적인 내 성격이 결국에는 원치 않은 일도 원하는 일로 바꾸어 생각하도록 만든 것이 아닌가 싶다.

주변의 동료, 선후배들 중 많은 이들이 맡고 있는 일에서 의미를 찾지 못한다. 그래서 일을 하면서도 재미를 느끼지 못한다고 토로한다. 회사에 입사한 지 얼마 되지 않은 지금은 잘 모를 수 있지만 시간이 지나면 분명 자신이 원하는 일을 하는 것이 얼마나 행복한 것인지 뼈저리게 느끼게 될 날이 올 것이다. 자신이 진짜 원하는 일이 무엇인지 빨리 알아 내고 그 일을 통해 행복해지길 바란다.

버틸 것인가? 말 것인가?

회사가 싫어졌다면, 그 이유가 시간이 지나도 해결될 수 있는 문제인지 아닌지를 기준으로 판단해 보라. 시간이 해결해 줄 수 있는 일이라면 당연히 버티는 것이 답이다.

'될 수 있으면 버텨라, 버티는 사람이 이기는 것이다.' 직장인이라면 한두 번은 이런 말을 듣기도 하고 또 말해 본 적도 있을 것이다. 직장 생활을 어느 정도 해보니 이 말은 정말 맞는 것 같다. 한 해 두 해 사회생활을 하다 보면 즐겁고 기쁜 일도 만나고 슬프고 화나는 일도 만나게 된다. 즐겁고 기쁜 일을 만나면 평생 다니고 싶지만 또 반대의 경우에는 당장 회사를 때려치우고 싶은 마음이 굴뚝 같다. 직장인에게 회사 일은 인생의 전부나 다름없다. 깨어 있는 시간의 70~80%를 직장에서 보내니 그럴 만하다. 인생에는 굴곡이 있다. 오르막길이 있으면 반드시 내리막길이 있다. 슬프고 화나는 일이 있지만 곧 언제 그랬냐는 듯 기쁜 일이 살며시 고개를 내민다.

정말 하기 싫은 일을 맡게 되면 당장은 죽고 싶을 만큼 싫지만 시간이 지나면 다시 좋은 일을 맡게 되기도 한다. 꼴 보기 싫은 상사를 만났다고 너무 슬퍼하지 않아도 된다. 언제까지나 그와 함께 일하지 않을 테니 말이다. 회사는 늘 일 년에 한두 번은 조직 개편을 하기 때문에 꼴 보기 싫은 사람도 1, 2년 후에는 다른 부서원이 될 확률이 높다.

회사에서 나를 힘들게 하는 것

회사를 나가겠다는 마음이 살며시 고개를 든다면 한 번 생각해 보라. 나를 진정 힘들게 하고 회사를 나가고 싶게 만드는 것이 무엇인지 말이다. 연봉이 낮아서, 업무가 맞지 않아서, 회사에 비전이 없어서 등등 여러 이유가 있겠지만 그 중에서도 자신을 가장 힘들게 하는 것이 무엇인지 곰곰이 생각해 보길 바란다. 만약 그것이 앞서 말했듯이 사람에 대한 문제처럼 일시적인 것이라면 굳이 퇴사까지 생각할 필요는 없다. 시간이 지나면 자연히 해결될 가능성이 충분하기 때문이다. 회사가 싫어진 이유가 시간이 지나도 해결될 수 있는 문제인지 아닌지를 기준으로 판단해 보면 의외로 간단히 답을 얻을 수 있다. 시간이 해결해 줄 수 있는 일이라면 당연히 버티는 것이 답이다.

그런데 시간이 지나도 해결되지 않을 문제라면 고민을 해야 한다. 회사의 일이 근본적으로 나와 맞지 않는다는 것을 알게 되었거나 회사의 비전과 나의 철학이 일치하지 않는 문제들이라면 하루라도 빨리 회사를 나오는 것이 답일 수 있다. 그럴 때는 무조건 버티는 것이 능사가 아니다. 버티는 시간 자체가 고통이 될 수도 있고 그렇게 버틴 시간이 내 경력에 쓸모 없는 시간으로 남을 수도 있기 때문이다. 만약 신입 사원인 당신이 입사한 지 6개월 정도가 되었는데 회사를 나가야겠다는 생각이 든다면 고민해 보기 바란다. 더군다나 시간이 해결해 줄 수 없는 근본적인 종류의 문제라면 과감히 회사를 포기할 수도 있어야 한다. 우물쭈물하다가 오랜 시간 후회하며 보낼 수도 있다. 반대로 현재의 회사가 단점보다 장점이 더 많고 단점 또한 일시적인 것이라면 최소 2~3년 이상은 그야말로 버티는 게 좋다. 일반적으로 2년 이내의 경력으로 회사를 옮기는 지원자에게 면접관들은 큰 신뢰를 보내지 않는다. 그런 지원자는 새 직장에 입사한다 하더라도 또 언제든지 쉽게 나갈 수 있는 끈기가 없는 사람이라고 생각하기 십상이기 때문이다.

개인적으로 나는 한 회사에 매우 오랜 시간 근무했다. 좋은 곳이었고 즐겁고 재미있게 일했기 때문에 그 회사에 오래 머문 것을 후회하지 않는다. 하지만 한 회사에서 15년 가까이 일하다가 나와 보니, 내가 그동안 너무 우물 안 개구리가 아니었나 하는 생각이 들었다. 또 세상에는 다양한 종류의 일과 사람이 있으니 만약 15년 동안 5년씩 직장을 바꿔 가며 일했다면 혹시 더 재미있는 일과 사람을 만날 수도 있지 않았을까 하는 약간의 아쉬움이 남기도 했다.

사실 직장 생활은 버티느냐 버티지 못하느냐의 문제로 접근할 것이 아니라 내가 주도적으로 일을 즐길 수 있는가 없는가의 관점으로 살펴보는 것이 옳다. 버티느냐 버티지 못하느냐는 고통을 참느냐 참지 못하느냐를 따지는 것일 수밖에 없다. 근본적으로 자신이 일의 즐거움을 주도하기 위해서는 자신이 원하는 곳에서 원하는 일을 하는 것이 가장 좋은 해결책이다.

> 회사에서 버틸 것인가 말 것인가는 내가 주도적으로 일을 즐길 수 있는가, 없는가의 관점으로 판단하라. 즐길 수 없다면 버티는 것이 능사가 아니다.
> 『어리버리 신입 사원 슈퍼 루키 되는 법』(문학세계사) 중에서

먼지 쌓인 이력서를 털 시간

회사를 옮기기 위한 준비가 아니더라도 정기적으로 이력서를 업데이트 하라. 그러면 지금까지 어떤 업무를 했고 회사에 기여한 성과들이 무엇인지, 앞으로는 어떤 경력을 더 보강해야 할지를 살펴보는 기회가 된다.

혹시 입사를 하고 난 후 자신의 이력서를 본 적이 있는지 묻고 싶다. 입사 전에는 수없이 바라보고 수정하고 출력해 봤을 당신의 이력서는 지금쯤 아마 노란 폴더 속에서 깊은 잠을 자고 있을 것이다. 그렇다면 폴더의 먼지를 걷어 내고 다시 꺼내 보길 바란다.

이력서는 회사를 옮겨야겠다는 생각이 들 때만 꺼내 봐서는 안 된다. 6개월에 한 번씩 정기적으로 이력서를 꺼내 업데이트해 보는 게 좋다. 처음 신입 사원으로 입사를 하고 3년 정도의 시간이 지나면 누구나 이직의 유혹을 겪게 된다. 이직을 준비하는 것이 나쁜 일은 아니다. 자신이 목표한 커리어를 만들어 가기 위해, 새로운 영역을 경험해 보기 위해, 연봉을 높이거나 좋은 환경과 더 잘 맞는 업무를 찾아 떠나는 여정일 뿐이다.

입사하고 시간이 지나면 신입 사원이나 사회 초년생이라는 꼬리표는 떼지고, 직장을 옮기게 되면 경력 사원으로 입사하게 된다. 말 그대로 경력 사원은 경력이 생명이다. 토익 점수, 봉사 활동, 인턴 생활 등 이력서를 가득 채웠던 내용들은 이제 더 이상 이력서에 채울 수 없다. 이제부턴 오직 일했던 회사, 맡고 있던 업무에서 어떤 성과를 냈는지가 모든 경력을 말해 준다. 이런 경력 사항이 채워질 때 원하는 곳으로의 이직이 가능한 조건을 갖추게 되는 것이다.

이력서 업데이트

6개월마다 이력서를 업데이트 하는 일은 이직을 위한 경력 사항을 정리하기 위해서만은 아니다. 더 중요한 것은 지금껏 자신이 어떤 일을 해 왔고 또 앞으로 어떤 일을 해야 할지를 생각해 보는 계기가 될 수 있다는 것이다. 현재 나는 내가 맡은 업무 영역에서 이력서에 쓸 만큼 성과 있는 일들을 만들어 냈는가? 이직하려는 회사의 면접관에게 내세울 만큼 좋은 경력을 만들었는가? 이런 질문을 스스로 해볼 수 있는 것이다.

만약 이런 질문에 제대로 답할 수 없고 이력서에 자랑할 만한 경력 사항이 만들어지지 않았다면 또다시 6개월이 지나 이력서를 업데이트 할 때까지 그런 경력을 만들도록 노력해야 한다.

가만히 있는다고 해서 누군가가 성과를 낼 수 있도록 떠먹여 주는 경우는 없다. 원석 같은 일을 받아서 보석으로 만들 수도 있어야 하고, 보

석 같은 일이라면 어떻게라도 자기가 해보겠다고 나설 수도 있어야 한다. 어떤 일을 해야 이력서에 자랑스럽게 쓸 수 있을지 감이 오지 않는다면 가상으로라도 업무 분야에서 성과를 낼 수 있는 일들이 무엇인지 미리 써 보는 것도 방법이다.

— OOO 프로젝트에 참여하여 OO 제품의 매출 전 분기 대비 50% 증대 기여

— 신규 사업 기획 및 런칭을 통해 신규 고객 0000명 확보 달성

— 리더십 강화를 위한 프로그램 기획 및 교육 만족도 00% 달성

— 신상품 개발에 참여하여 '000 제품'의 적기 출시

— 사내 우수 사원에게 수여하는 000 어워드 수상

자신의 업무 영역에 따라 다양한 경력 사항들을 만들어 볼 수 있겠지만 대부분은 성과를 나타낼 수 있는 정량적 수치들을 제시하는 것이 본인의 경력을 더욱 돋보이게 만들 것이다. 그렇다면 그런 일들을 맡거나 아니면 그런 일을 해보기 위해 노력할 필요가 있다. 일이 주어지지 않으면 내가 그런 일을 스스로 만들기 위해서라도 노력해야 한다.

만약 이런 식으로 이력 관리를 하지 않으면 2년, 3년이 지나도 여러분은 계속 신입일 때와 똑같은 스펙으로 경쟁해야 한다. 경력 사원을 뽑는 데 토익 점수는 필요하지 않다. 살짝 발만 담갔던 일을 자신의 경력인 척 썼다가는 레퍼런스 체크를 통해 거짓이 밝혀질 수도 있으니 조심해야 한다.

회사를 옮기기 위한 준비가 아니더라도 이렇게 정기적으로 이력서를 업데이트 하면 내가 지금까지 어떤 업무를 했고 회사에 기여한 성과들이 무엇인지, 핵심적인 업무들을 얼마나 맡았는지를 살펴보는 기회가 된다. 지금 혹시 6개월 이상 먼지가 쌓인 이력서가 있다면 꺼내어 업데이트 해 보길 바란다. 단, 퇴근 후 집에서.

70%의 실패가 만드는 3할 타자

3할 타자는 10번 중 7번을 못 치고도 고액 연봉을 받으며 인정받는다. 하물며 당신은 신인 선수다. 열 번을 휘둘러서 아홉 번 실패해도 된다. 한 번만 쳐도 잘한다 소리를 들을 수 있을 것이다. 그러니 아홉 번의 실패를 두려워하지 마라.

세계적으로 유명한 휴대폰 칩 제조사인 퀄컴Qualcomn은 신입 사원이 들어오면 계속 같은 비디오를 보여 준다. 이 비디오에는 퀄컴이 과거에서부터 지금까지 어떤 시도들을 했고 어떻게 실패했는지가 담겨 있다고 한다. 퀄컴의 사무실 밖에도 성공 여부와는 상관없이 지금껏 도전했던 실험들이 모두 전시되어 있다고 한다. 성공하지 못했더라도 도전하는 것 자체가 위대한 일임을 사람들에게 기억시키려는 기업 문화가 반영된 것이다. 퀄컴은 성공을 강조하기보다 오히려 실패를 강조한다. 수많은 실패가 있었기 때문에 지금의 퀄컴이 있음을 강조하고 성공을 하기 위해서는 수많은 시도가 있어야 함을 강조한다.

혁신은 안전의 반대 개념이다. 혁신은 끊임없는 실패와 도전 속에서 만들어진다. 실패를 인정하지 않고 부정적인 결과로만 인식하는 문화에서 혁신은 만들어지지 않는다. 혁신을 외치는 수많은 회사들이 정작 혁신을 선도하는 부서를 만들지 못하는 것은 실패에 대한 두려움 때문일 것이다.

사회에 첫 발을 내딛은 직장인들은 낯선 업무 환경이나 자신의 직위를 고려하여 쉽게 나서려 하지 않는다. 그러나 자신의 능력을 보여 주기 위해서는 끊임없이 고민하고 실행하며 도전해야 한다. 아무것도 하지 않는 것보다 실패하는 게 차라리 나은 것처럼 말이다. 실패가 두렵고 욕 먹을 것이 두려워서 아무것도 하지 않으면 결국 자신의 능력을 보여 줄 기회는 오지 않는다.

신입이니까 괜찮다

신입 사원들의 장점 중 하나는 실패하더라도 그리 큰 문제가 되지 않는다. 기대치가 낮기 때문이다. 그렇기에 좀더 자신 있게 자신의 능력을 발휘해 볼 필요가 있다. 팀에 과제가 주어지고 상사들이 업무를 시작하면 신입 사원은 보통 자료 조사나 문서 정리를 하는 도우미 역할을 하게 된다. 그런 역할을 성실히 수행하면서 자신도 해당 과제에 대해 별도의 아이디어를 내 보길 바란다. 어느 정도 자신이 생기면 상사들에게 준비한 내용을 보여 주라. 분명 처음에는 '비현실적인 생각'이라는 지적을 받을 확률이 높다. 그래도 괜찮다. 당신은 신입 사원이니까. 그런 지적들을 밑거름 삼아 계속 살을 붙이고 또 제안하는 과정을 반복하다 보면 좋은 안이 만들어질 때가 반드시 온다.

위대한 발견을 한 사람들도 어느 날 갑자기 하늘에서 뚝 떨어진 생각을 주워 든 것은 아니다. 이들은 끊임없이 고민하고 수없이 도전하여 결국 위대한 발견을 해낸 것이다. 좋은 아이디어든 나쁜 아이디어든 끊임없이 아이디어를 내고 실패를 거듭하면서 그것을 밑거름 삼아 위대한 발견을 할 수 있었던 것이다.

실패를 하면 두 가지 면에서 성공에 점점 더 가까워진다. 하나는 다시 실패하지 않겠다는 의지가 생기기 때문이고 또 다른 하나는 실패를 경험하면서 더 이상 똑같은 실패를 하지 않기 때문이다. 우리는 상대성이론을 발견한 아인슈타인이 240편의 논문을 썼다는 것과 전구를 발명한 에디슨이 사실은 1,000개가 넘는 특허를 신청했다는 것은 간과한다.

욕먹는 것을 두려워하지 않고 지적당하는 것을 겁내지 않아도 되는 것은 직장 초년생들의 특혜다. 높은 직급의 직장인이 욕먹고 지적당하는 일이 잦으면 나가라는 소리와 다르지 않지만 신입 사원은 괜찮다.

미국 역사상 가장 유명한 야구 선수를 꼽으라고 하면 아마 베이브루스Babe Ruth를 꼽을 수 있을 것이다. 그는 714개의 홈런을 쳐서 1976년까지 세계 최고 기록을 세웠다. 그러나 사람들은 베이브 루스가 홈런 왕이라는 사실만 기억하고 1,330개의 삼진 아웃을 당한 최고의 삼진 타자라는 것은 알지 못한다. 실제로 야구 전문가들이 이 삼진 기록은 홈런 기록보다 더 깨기 어렵다고 말할 정도였다. 결국 그가

714개의 홈런을 치기까지는 1,330번의 실패가 있었고, 그것이 미국 역사 상 가장 위대한 선수를 만든 것이다.

비단 홈런 기록이 아니더라도 야구 선수 중 잘 치는 타자라고 인정받고, 몇억 원의 고액 연봉을 받는 선수라고 하면 이들의 평균 타율은 3할 대이다. 3할 타자는 열 번 타석에 들어 3번 치는 사람을 뜻한다. 결국 70%는 실패하는 셈이다. 하지만 누구도 3할 타자를 보고 7할의 실패자라고 손가락질하지 않는다. 70% 실패를 맛보며 3할 타자가 되고 그것으로 그 선수는 고액 연봉을 받고 인정을 받는다. 하물며 당신은 이제 막 입단한 신인 선수다. 열 번을 휘둘러서 아홉 번 실패해도 된다. 한 번만 쳐도 잘한다 소리를 들을 수 있을 것이다. 그러니 아홉 번의 실패를 두려워하지 마라. 휘두르지 않고 안타를, 홈런을 칠 수는 없다. 단, 이치로가 되고 싶은지 베이브 루스가 되고 싶은지는 자신의 성향과 상황에 따라 잘 판단해 봐야 한다. 이치로는 좋은 공이 와도 홈런을 치려고 욕심을 부리지 않는다. 욕심을 부리면 그만큼 안타를 치기 힘들다는 것을 알기 때문이다. 조금 욕심을 내서라도 홈런을 칠 것인지 욕심 없이 안타를 칠 것인지는 스스로가 선택할 몫이다. 어쨌건 여러분은 일에 있어서 만큼은 용기를 내서 끊임없이 시도해 보라. 시도하고 실패하다 보면 언젠가는 성공할 것이다.

홈런왕 베이브 루스는 최고의 삼진왕이기도 하다. 타자가 휘두르지 않고는 안타나 홈런을 칠 수 없다. 마찬가지로 실패를 무릅쓰고 시도해야 성공도 있다.
『어리버리 신입 사원 수퍼 루키 되는 법』
(문학세계사) 중에서

혼자 있는 시간의 소중함

우리 머리는 쉴 수 있는 시간을 주지 않으면 잘 돌아가지 않는다. 컴퓨터를 떠올려 보면 알 것이다. 불필요한 파일들이 많아지면 속도가 느려져 가끔 디스크 정리를 해줘야 하는 것처럼 우리의 머리도 휴식을 주고 정리해 줘야 한다.

임원이 아닌 시절에 나는 임원들이 방에 들어가서 무엇을 할까 늘 궁금했다. 그런데 내가 임원이 되어 방에 들어와 보니 이제는 알겠다. 왜 방을 주는지. 회사일을 '더 잘하려면' 방에서 끊임없이 고민을 하고 많은 생각을 해야 한다. 사실 어떨 때는 '생각하기 위해 사육당하는 감옥' 같다는 느낌이 들 때도 있다. 이제 나는 밥값을 하기보다 방값을 하기 위해서라도 더 많은 고민을 해야 하는 사람이 된 듯하다.

실무자 시절에는 일이 바쁘기도 했고 사무실도 혼자 깊은 생각을 하기 어려운 환경이었다. 집에 돌아와도 아이와 놀아 줘야 하니 역시 생각할 수 있는 혼자만의 시간을 오롯이 갖기란 거의 불가능했다.

한 번은 정신 없이 한 주를 보내고 주말을 맞아 파마를 한답시고 미용실에 갔다. 파마를 하면 오랜 시간 동안 앉아 있어야 한다는 생각에 무작

혼자 있을
공간
혼자 있을
시간이 필요해

사색할
공간
사색할
시간도 필요하지.

똑! 똑!
빨리 좀
나오라니까…
난 지금
사색이
되고 있다고~

정 공책 한 권을 들고 갔다.

머리에 비닐을 쓰고 공책과 펜을 들고는 멍하니 이것저것 생각나는 것들을 적기 시작했다. 처음에는 낙서로 시작했는데 시간이 지나면서 고민스러웠던 문제들이 하나 둘 정리되는 신기한 경험을 했다. 불과 세 시간 정도 혼자만의 생각과 휴식할 수 있는 시간이 주어진 것뿐이었는데 그동안 머릿속을 맴돌며 혼란스럽게 했던 걱정과 질문들이 하나씩 해답을 찾아갔다.

머리에 휴식 시간을 주자

우리 머리는 의도적으로 쉴 수 있는 시간을 주지 않으면 돌아가지 않는다. 컴퓨터를 떠올려 보면 알 것이다. 불필요한 파일들이 많아지면 느려지고 가끔 디스크 정리를 해줘야 하는 것처럼 우리의 머리도 휴식을 주고 정리해 줘야 한다. 회사에 오면 컴퓨터 앞에서, 회의실 의자에 앉아서 많은 시간을 보내지만 정작 혼자만의 생각할 시간을 갖기는 힘들고 또 그런 시도조차 하지 않는다. 그러다 보니 새로운 생각들이 떠오를 리 없고 복잡한 머리가 정리되지도 않은 채 계속 바쁘게 살아간다.

스티브 잡스, 빌 게이츠, 제프 베조스 등 유명한 CEO들이 '생각 주간 Think week'을 갖는다는 이야기는 유명하다. 아무리 바빠도 일정 기간은 반드시 새로운 사업 구상을 위해 '생각 주간'을 의도적으로 갖는다는 것이다. 이들처럼 거창하게 '생각 주간'까지 가질 필요는 없겠지만 한 달에 몇 시간만이라도 혼자만의 생각하는 시간을 갖는 것이 꼭 필요하다.

업무와 일상에 파묻혀 있으면 절대 새롭고 신선한 생각들이 생산되지 않는다. 꼭 무언가 새로운 아이디어가 필요한 순간이 아니더라도, 굳이 회사 일이 아니더라도 아무 목적 없이 집 주변의 조용한 카페에서 스마트폰은 꺼 두고 혼자만의 사색의 시간을 즐겨 보면 좋겠다.

머릿속을 복잡하게 했던 많은 고민들, 떠오르지 않던 기획서의 스토리, 예전에 하려다 못 하고 까먹은 일들 등 복잡하고 다양한 생각들이 정리되면서 머리가 맑아지는 경험을 하게 될 것이다.

업무와 일상에서 잠시 벗어나 혼자만의 시간을 가져라. 머릿속이 정리되면서 새롭고 신선한 아이디어가 떠오를 것이다. 머리에 휴식을 주어라.
『어리버리 신입 사원 슈퍼 루키 되는 법』
(문학세계사) 중에서

스페셜리스트 VS 제너럴리스트

만약 당신이 오직 한 팀에서 하나의 전문성만을 키워 왔다면 그 팀의 팀장 자리가 비워지지 않는 이상, 당신이 위로 올라갈 수 있는 방법은 없다.

나는 오랜 시간 동안 마케팅 커뮤니케이션 영역의 업무를 담당해 왔다. 그래서 그 업무를 총괄하는 팀장이 되었을 때 사람들은 오랫동안 한 우물을 파더니 결국 잘 되었다고 축하해 주었다. 사회 초년 시절부터 나 역시 한 분야에서 능력을 인정받는 전문가로 성장하는 것이 좋겠다고 생각했다. 그래서 다른 팀으로 가는 기회를 찾기보다는 그냥 한 팀에서 계속 같은 일을 하려고 노력했다.

간혹 선배들이 다양한 경험을 하는 것이 훗날을 위해 필요하다고 조언해 주기도 했지만 깊이 새겨듣지 않았다. 커뮤니케이션과 관련된 업무가 좋았고 내가 잘할 수 있는 일이라 여겼기 때문이다. 덕분에 광고 전문가라는 말을 들을 때도 있었지만 돌이켜 보면 조금 후회가 되기도 한다.

앞서도 이야기했지만, 앞으로 얼마 동안이나 직장인의 신분으로 살아가게 될지 생각해 봐야 한다. 독립된 사업체를 갖는 꿈이나 계획이 있다면 이야기가 달라지지만 그렇지 않다면 적어도 20년에서 30년까지 직장인으로 살아가야 한다.

그렇다면 직장에서 어느 위치까지 오를 수 있을지에 대해서도 생각해 봐야 한다. 디자이너나 연구원, 회계사, 변호사, 계리사 등 자격증이 있거나 특화된 기술을 갖고 직장 생활을 하는 사람은 예외 사항이 있을 수 있지만, 그렇지 않은 사람이 팀장을 넘어 임원, CEO의 꿈까지 꾸고 있다면 한 가지 일만 잘하는 스페셜리스트가 되어서는 안 된다.

회사에서는 팀장을 선임할 때, 우선 해당 분야의 전문성을 중요하게 생각한다. 하지만 팀을 관리하고 운영할 수 있는 역량도 그 못지않게 중요하게 평가한다. 전문성이 좀 떨어진다고 하더라도 관리자로서의 능력이 뛰어나면 해당 분야의 경력이 전문가 수준까지 높지 않더라도 팀장이 될 수 있다.

만약 오직 한 팀에서 하나의 전문성만을 키워 왔다면 그 팀의 팀장 자리가 비워지지 않는 이상, 위로 올라갈 수 있는 방법은 없다. 이직을 제외하고 말이다.

한 팀에서 3~5년 이상 일을 해서 약간의 전문성을 갖췄다고 생각되면 의도적으로 다른 팀의 일을 해보는 것도 나쁘지 않다. 너무 많은 팀, 너

한 우물만
팠는데…

무 연관성이 없는 팀을 돌아다녀서는 안 되겠지만, 비슷한 분야에서 각각의 전문성을 두루 경험할 수 있다면 후에 관리자로서 그만큼 더 많은 기회를 만들 수 있다.

예를 들어 당신이 만약 마케팅실 안에 배치된다면 마케팅 전략, CRM, 고객 분석, 제휴 마케팅, 디지털, 광고, 브랜드 등 다양한 팀이 존재한다. 디지털 마케팅이 좋다고 10년 간 디지털 마케팅 팀에만 있었다면 당신은 디지털 마케팅 팀의 팀장이 될 기회만 기다려야 한다.

반면 2~3년씩 디지털 마케팅, 마케팅 전략, 브랜드 관리, 광고 팀에서 근무를 하고 관리자로서의 자질까지 인정받으면 근무한 모든 팀에서 팀장이 될 기회가 생기는 것이다. 여러 팀을 맡을 수 있는 리더로서 경쟁력이 있다는 것은 그만큼 오랜 시간 회사 생활이 가능하다는 이야기가 된다.

하지만 훗날 자신에게 닥칠 일은 생각하지 않은 채, 내가 좋아하는 일이라서, 팀장과 코드가 잘 맞아서, 익숙해서, 변화가 싫어서 등의 이유를 내세워 한 팀에서만 오래 일하려는 사람들이 많다. 더불어 팀에서도 일 잘하는 사람을 다른 팀에 주기 싫어서 계속 끼고 있으려는 경우도 많다.

다양한 경험을 하라

여러 부서에서 다양한 경험을 해보는 것은 자신이 무엇에 소질이 있는지 알 수도 있고 위에서 말한 것과 같이 여러 팀을 맡을 수 있는 기회가 되기도 한다.

훗날 팀장이나 임원으로서의 기회를 잡고 싶다면 그만큼 다양한 경험을 해보라고 말해 주고 싶다. 한 팀에서의 안정된 생활을 바라거나 그 팀에서 주는 달콤한 칭찬만을 받으며 살아가지 말기를 바란다. 어느 정도 전문성을 배웠다고 생각하면 다른 분야를 배우기 위해 과감히 손을 들고 밖으로 나가는 것도 좋다.

잘하는 분야가 명확하고 그만큼의 실력이 있다면 스페셜리스트로 살아가도 된다. 사회는 전문가를 더 인정하는 것은 맞다. 앞으로 직장 생활을 지속하면서 맡은 분야에서만큼은 남보다 뛰어난 역량을 갖고, 그 일에서 행복까지 느낄 수 있다면 그 분야를 깊이 있게 파도 좋다. 단, 현실적으로 고려해 볼 부분이 있다. 그 영역이 어느 위치까지 올라갈 수 있고 얼마나 안정적으로 오래 일할 수 있는가를 현실적인 눈으로 바라봐야 한다.

쉬운 방법은 같은 분야에서 스페셜리스트로 인정받는 선배나, 임원들이 어떤 위치까지 올라가 있고 회사 내에서 어떤 대우를 받고 있는지를 살펴보면 된다.

본인이 몸담고 있는 회사뿐만 아니라 동종 업계나 혹은 다른 기업이라도 본인이 갖고 있는 스페셜리스트로서의 역량이 얼마나 가치를 인정받고 있는지, 시장에서의 수요가 얼마나 안정적인지 살펴볼 필요가 있다.

그런 미래에 대한 예측 없이 본인이 하고 싶어하는 일에만 집착하는 것은 위험한 일이 될 수 있다.

회사에서 성공하고 싶으면 여러 부서에서 다양한 경험을 쌓아 놓으라. 나중에 어떤 일을 맡겨도 다 할 수 있게 된다. 스페셜리스트보다는 제너럴리스트가 되라.
『어리버리 신입 사원 슈퍼 루키 되는 법』
(문학세계사) 중에서

조금 덜 아프게

깊이보다는 넓이로

직장에서 만난 사람들과 깊이 있게 사귀겠다는 욕심은 애초에 버리는 것이 좋다. 내 주장이 다소 냉소적일 수도 있겠지만 깊은 관계의 친구는 학창 시절에 만난 이들로 충분하다. 깊이 있는 인간관계의 기본은 마음을 열고 서로의 마음을 주고받는 것이다. 직장 생활을 하면서 그런 관계를 만들겠다고 생각하면 우선 내 것부터 상대방에게 내주어야 한다. 하지만 직장은 기본적으로 이해관계 집단이며 상호 경쟁 체제로 유지된다.

그렇기 때문에 깊이 있는 인간관계를 만들겠다는 마음으로 상대방에게 진심을 모두 보여 준다고 해도 정작 상대방은 마음을 열지 않을 확률이 높다. 학창 시절과는 달리 직장은 개인과 집단의 이익이나 손해를 계산하는 환경을 배경으로 삼기 때문이다. 그래서 적을 만들지 않을 만큼만 원만한 관계를 유지하면 된다. 오히려 나의 진심을 모두 보여 주고 깊이 있는 관계를 원하게 되면 자신만 상처받을 수 있다. 사람을 좋아하고 인간관계를 그 어느 것보다 중요한 가치로 생각하는 사람들이 특히 그렇다.

대부분의 직장인들은 가슴속에 가면 하나씩을 숨겨 두고 산다. 직장 생활을 하다 보면 자신의 의지와는 상관없이 입에 발린 말을 건네기도 하고 듣기 좋은 말을 해야 할 경우도 종종 있다. 그럴 때면 숨겨 둔 가면을 꺼내어 속마음과는 다르게 사람을 대하게 된다. 그렇다고 직장인들이 모두 거짓말쟁이라는 말은 아니다. 상하 관계, 이해관계, 경쟁의 환경에 의해 본래의 마음과는 다른 삶을 강요받는 경우가 많다는 의미다.

직장 생활에 닳고 닳은 고참들이야 이런 상황에 이미 적응이 되었겠지만 신입 사원들은 아직 학창 시절의 순수한 인간관계에 익숙하다 보니 선배들의 말을 액면 그대로 받아들였다가 뒤통수를 맞거나 실망을 하기 십상이다.

어떤 상처를 받더라도 사람과의 깊이 있는 관계가 더 중요하다고 여기는 사람들은 그렇게 해도 된다. 하지만 쉽게 상처받고 다친 마음을 빨리 치유하지 못하는 사람이라면 직장에서는 깊이 있는 인관관계보다는 폭넓은 인간관계를 만들라고 권해 주고 싶다.

상처를 덜 받는다는 점 말고도 사회생활에서는 넓은 인간관계가 도움이 되는 경우가 더 많다. 그래서 같은 시간이 주어진다면 몇 사람과의

깊은 만남보다는 다양한 관계를 맺는 데 투자하라고 이야기해 주고
싶다.

넓은 인맥은 큰 자산

상사마다 다르지만 보통 한 분야에서 오래 일한 경우, 예상 외로 폭
넓은 관계를 만들지 못한 상사들이 많다. 그런 상사를 도와 일을 할
때 자신이 더 많은 사람들을 알고 있고 그 관계를 이용해 일 처리를 보
다 신속하게 잘 해낼 수 있다면 그 또한 자신의 가치를 극대화하는 일
이 될 것이다.

기회가 된다면, 아니 기회를 만들어서라도 여러 모임 등에 얼굴을 내
밀고 다양한 관계를 형성하기 위해 노력하면 좋겠다. 요즘은 기업마다
야구, 등산, 악기 연주, 영어 회화 등 다양한 분야의 사내 동호회가 잘 운
영되고 있다. 사내 모임뿐 아니라 동일한 산업군 안에서의 교류를 위해
만들어진 모임들도 많이 있다. 높은 직급일수록 이런 모임에 적극 참여
하기 어렵다. 하지만 상대적으로 여유 있는 신입 사원들이 다양
한 모임에 참여하여 넓은 인맥을 형성해 놓는다면 매우 큰 자
산이 될 수 있다.

타 부서와 업무 협업을 할 때도 그쪽 부서의 담당자를 개인적으로 잘
알고 있다면 일이 쉽게 풀릴 수 있다. 직장 밖으로는 정보 획득, 영업, 제
휴 등 다양한 이유로 타 회사의 콘텍트 포인트를 찾아야 하는 경우도 종

종 발생한다. 이럴 때도 넓은 인맥이 빛을 발하게 된다.

　오랜 시간을 두고 깊이 있는 인맥을 만드는 것도 필요하지만 신입 사원이라면 넓은 인맥을 경쟁 무기로 삼는 것이 더 현명한 방법일 것이다.

단 한 사람의 적도 만들지 말라

내 편이라 생각한 사람이 백 명 있어도 내가 절벽에서 떨어질 때 아무도 손잡아 주지 않을 수 있다. 하지만 내가 만든 적 한 명은 내가 위태로울 때 확실히 나를 절벽 아래로 떨어뜨릴 수 있다. 백 명의 아군보다는 하나의 적도 만들지 않아야 한다.

사회생활을 시작하게 되면 학창 시절과는 전혀 다른 사람들을 만나게 된다. 또한 수직의 관계 속에서 먹이사슬의 가장 밑바닥에 위치하게 된다. 그리고 배움이라는 명제에서 벗어나 이익 추구라는 과제를 부여받은 이들과 공통의 목표를 삼고 살아가게 된다. 사회에 나오면 그런 사람들을 적게는 수십 명에서 많게는 수백 명까지 새롭게 만나고 다시 관계를 만들어 가야 한다.

학교나 직장이나 똑같이 사람 사는 곳이다 보니 그 속에 다양한 종류의 사람들이 존재하는 것은 당연한 일이다. 나를 기준으로 좋은 사람, 싫은 사람, 나쁜 사람, 착한 사람들은 언제나 존재한다. 다만 학창 시절의 수평 관계에서는 내 의지에 따라 피할 수 있었던 사람들을 직장에서는 오롯이 마주해야 한다. 또 하나의 큰 차이가 있다면 학교와 달리 이해관계에 따라 첨예하게 대립할 수도 있는 환경이라는 점이다. 팀과 팀, 부서와 부서, 본부와 본부, 큰 조직일수록 그런 이해관계는 명확해진다. 절대평가가 아닌, 경쟁을 기본으로 한 상대평가로 성과와 보상을 나누기 때문에 더욱 그렇다.

스포츠 경기에서처럼 각기 다른 유니폼을 입고 내 편, 네 편을 가르지 않을 뿐 보이지 않는 이해관계에 따라 라인이 생겨난다. 리더가 어떤 성향이냐에 따라 그 라인이 잘 보일 수도 있고 보이지 않을 수도 있지만 권력 다툼이란 어느 조직에서건 있을 수밖에 없다. 그래서 내 의사와 상관없이 같은 회사 내에서도 적군과 아군이 존재하기도 한다.

누구의 편도 되지 마라

당신은 누구 편이며, 당신의 적은 누구인가? 당연히 신입 사원인 당신은 이 질문에 답할 수 없어야 한다. 그리고 앞으로도 가능하다면 회사 안에서 중도를 지키는 것이 좋다. 누구의 편도 아닌 것이 좋다.

속된 말로 줄을 잘 서야 출세한다는 말이 있다. 맞다. 그럴 수 있다. 하지만 그럴 수 있는 확률은 아주 적다. 만약 당신이 줄 서고 싶은 그 라인이 회사의 오너와 연결되어 있고 당신이 그 줄에 낄 수 있다면 당연히 줄 서 볼 만하다. 그런데 당신에게 과연 그런 기회가 오게 될까? 확신이 없다면 어떤 줄에도 서지 말아야 한다. 오너가 아닌 이상 끊어지지 않는 줄이란 없기 때문이다.

조직은 생성과 소멸, 분열과 통합을 반복하는 세포와 같다. 어제의 동지가 오늘의 적이 되기도 하고 탄탄할 것만 같던 라인이 하루아침에 처참히 끊어지는 경우도 다반사다.

막강한 권력을 휘두르던 임원들도 인사 이동 때가 되면 덜덜 떤다. 추위 때문이 아니라 방을 비우고 집에 가야 할지도 모르는 순간이기 때문이다. 기업마다 차이는 있지만 웬만한 규모의 기업 임원들은 파리 목숨과 다름없다. 실적이 좋지 않아서, 조직을 잘 관리하지 못해서, 성과가 없어서, 오너나 CEO의 눈 밖에 나서, 권력 싸움에 져서, 기타 여러 이유로 수십 년 간 몸담고 충성을 다했던 조직을 떠난다. 대부분의 임원은 통보를 받은 그날 바로 집으로 간다. 환송회는커녕, 잘 있으라는 인사 한마디 못하고 도망치듯 떠난다. 그 전날까지도 내년도 사업 계획을 지시하던 사람의 방이 다음날이면 말끔하게 정리되어 있다.

회사는 냉정하다

회사는 냉정하다. 월급을 받는 만큼 값을 못하거나 가치를 보여 주지 못하면 나가야 한다.

조직 안에서 사람을 따라다니는 일은 가능한 한 하지 말라고 말해 주고 싶다. 사회 초년생인 당신에게 일어날 가능성은 거의 없을 테지만 혹 나중에라도 누군가 당신에게 '내가 키워 줄 테니까 나랑 일하자'라고 제안한다면 무조건 'YES' 하지 말고 고민해 보기 바란다. 인사

약속을 하는 사람은 믿지 말라는 말이 있다. 누구도 인사 약속을 장담할 수가 없다. 오너가 아닌 이상 인사에 대해 보장할 수 있는 사람은 단 한 명도 없다.

무조건 사람만 보고 따라가서는 안 된다. 당신이 맡게 될 일과, 나를 끌어 준 사람이 없어도 그곳에서 홀로 생존할 수 있을지를 예측해 봐야 한다. 예측의 결과가 부정적이면 사람을 따라가지 말고 일을 따라 내 편이라 생각한 사람이 백 명 있다 하더라도 내가 절벽에서 떨어질 때 아무도 손잡아 주지 않을 수도 있다. 하지만 내가 만든 적 한 명은 내가 위태로울 때 확실히 나를 절벽 아래로 떨어뜨릴 수 있다. 백 명의 아군이 나에 대해 좋게 말해 줄 확률은 적지만 한 명의 적이 나에 대한 험담과 나쁜 소문을 퍼뜨릴 것은 자명한 사실이다.

그래서 백 명의 아군을 만들기 위해 필요 이상의 노력은 하지 않아도 된다. 편 가르기가 있더라도 누구의 편에 서지 않아야 한다. 여기는 직장이다. 직장 동료는 친구가 아니다. 일로 만난 사람일 뿐이다. 일시적으로 싫은 감정들이 생겨날 수 있지만 지속적으로 사람을 미워하고 싫어하고 증오할 필요는 없다. 당신이 누군가를 미워하고 싫어하면 당신도 똑같이 상대방으로부터 미움을 받을 수밖에 없다.

누군가의 라인에 서고, 누구의 편에 속하면 그 반대편은 적이 되고 만다. 라인이 없어지고 내 편이 떠나면 남는 것은 적뿐이다. 아군도 적군도 만들 필요가 없다. 편을 가를 시간에 차라리 실력을 키워야 한다.

힘을 갖게 되면 조절 능력도 갖춰라

힘이 있다 하더라도 사사로운 욕심에 시야가 흐려지면 그 힘으로 내리친 곳이 결국 자신의 발등이라는 것을 깨닫게 될 때가 온다. 고통 속에 후회해도 이미 되돌릴 수 없다.

나는 여러 해 동안 기업의 마케팅 담당자로서 온·오프라인의 광고 대행사나 프로모션, PR 대행사들과 함께 일을 했다. 요즘 사회적으로 이슈가 되고 있는 이른바 '갑'이었다. 광고비 등 마케팅에 들어가는 비용이 커질수록 갑으로서의 입김은 세진다. 단적으로 통신사에서 쓰는 광고비는 한국의 기업 중 열 손가락 안에 든다. 광고 집행 비용이 많으면 그만큼 광고 대행사도 수익을 낼 수 있다. 그렇기 때문에 광고 대행사는 수익을 많이 낼 수 있는 기업에 실력뿐 아니라 다른 면에서도 잘 보이고자 노력을 한다.

힘을 가졌으나 그 힘을 통제할 수 있는 마음가짐이 제대로 서 있지 않으면 자기도 모르게 제 힘을 보여 주고 싶은 마음이 생긴다. 속된 말로 '슈퍼 갑'이 되는 것이다. 나이가 어리고 직급이 낮더라도 기업의 광고 담당자가 되면 나이 지긋한 대행사 임원들까지 깍듯이 대해 준다. 어떻게든 밉보이지 않으려고 조심할 수밖에 없다. 요즘에는 사회적인 문제가 되어 많이 사라졌지만 예전에는 광고 담당자에게 향응이나 선물 등을 제공하는 일도 많았고 일부 기업의 담당자들은 노골적으로 그런 것을 요구하는 경우도 있었다.

모두 그런 것은 아니지만 이렇게 기업의 광고 담당자들은 자신이 큰 권력자가 된 것 같은 착각에 빠지게 된다. 이런 권력의 유혹을 떨쳐 내지 못하면 그때부터 갑질이 시작된다.

비단 갑질은 광고주와 대행사처럼 기업과 기업 간의 관계에서만 볼 수 있는 것은 아니다. 사회에는 다양한 갑과 을이 존재한다. 물론 회사 안에도 갑과 을이 존재한다. 힘 있는 사람은 갑, 힘 없는 사람은 을이다. 팀장은 갑이고 일반 사원은 을이다. 팀장이 권력을 갖고 있으니 팀장이 일반 사원을 괴롭힌다면 그것 또한 갑질이다. 신입 사원의 입장에서 보면 자신은 늘 을일 것 같지만 당신이 회사에서 청소를 도와주시는 아주머니를 함부로 대한다면 그것도 갑질이 된다.

갑의 지위를 이용해 사심을 채우거나 부정을 하는 것은 결국 회사에 막대한 손실을 끼치게 된다. '대행사에 벌어다 주는 돈이 얼만데', '회사가 구매하는 물건이 얼마인데 이 정도는 호의로 받아도 되겠지'라는 사사로운 욕심이 생겨나기 시작하면 거기서 멈춰지지 않는다. 호의가 커지고 받은 것들이 많아지다 보면 결국 공정하지 못한 일 처리를 하게 된다. 갑의 위치가 오히려 을의 조정을 받는 위치로 전락하게 되는 것이다.

갑질은 대가를 치른다

하지만 이런 것만이 갑질은 아니다. 나는 정직한 일 처리가 최대의 미덕이라고 생각하며 살아왔고 그런 사심 어린 요구를 하지 않는 것이 갑질을 안 하는 것이라 여겼다. 하지만 그건 착각이었다. 돌이켜 보니 금품이나 향응 같은 접대를 요구하거나 인격을 모독하는 등 상식 이하의 행동을 하는 것만이 갑질은 아니었다.

성과를 내기 위한 것이니 조금은 무리한 작업을 요구해도 괜찮을 거라고 생각한 것도 갑질 중 하나인 셈이었다. 그들의 입장이 되어 보고자 노력을 하지 않았다. 돈을 많이 가져가는 만큼 더 열심히 일해 줘야 하는 게 당연하다고 생각했다. 그래서 이 정도면 깨끗하고 좋은 갑이라고 자기합리화를 했다. 그러나 그건 순전히 나만의 생각이었다. 내가 부서를 옮기거나 혹은 그들이 회사를 옮겨 갑과 을이라는 관계가 끊어지는 순간, 엄청나게 친하다고 여겼던 사람들은 언제 그랬냐는 듯이 연락이 뜸해지고 소원해졌다.

인간적으로 서로 이해하며 그들의 역량을 잘 이끌어 내는 광고 담당자가 되고 싶었지만 많이 모자랐다. 물론 갑과 을의 관계가 종료되고 이해관계가 사라진 지금에도 예전의 친분을 유지하고 있는 사람도 여럿 된다. 그럼에도 수백 억의 광고 비용을 집행하던 그 시절 나의 어깨에 쓸데없이 많은 힘이 들어가 있지는 않았는지 반성해 본다.

사회 초년생 시절이 지나고 혹시라도 자신에게 아쉬운 소리를 하는 사람들이 하나 둘 생겨난다면 이제 권력을 갖게 된다. 당신이 힘을 갖게 되는 순간, 반드시 그것을 조절할 수 있는 능력과 자질부터 먼저 갖추라고 당부하고 싶다. 사용하는 방법도 모르는 무기를 함부로 휘두르면 오히려 자신이 다칠 수 있다. 조절할 수 없는 힘은 주인도 몰라보고 자신에게 해를 가하기도 하는 법이다.

신입 사원 시절에는 큰 힘이 있지는 않을 것이다. 오히려 한없이 작은 '을'의 입장일 것이다. 그러나 언젠가는 그런 힘이 생길 때가 오고 그 힘을 써 보고 싶은 유혹도 반드시 따라올 것이다. 힘을 갖고 있다면 당연히 써야 하는 순간이 온다. 중요한 것은 어느 때, 어느 곳에 힘을 써야 하느냐이다.

늘 대의를 생각하고 또렷한 시야를 유지하기 바란다. 사사로운 욕심에 시야가 흐려지면 힘껏 내리친 곳이 결국 자신의 발등이라는 것을 깨닫게 된다. 뼈가 으스러지고 후회해도 이미 되돌릴 수 없다. 당신에게 힘이 생겼을 때 그 힘 앞에 놓인 약자의 입장에서 그들이 느낄 고통과 고민을 한 번쯤 더 생각해 보면 좋겠다. 당신이 갑일 때 을의 마음을 이해하고 포용해 주면 언젠가 보답이 꼭 돌아올 것이다.

회사는 모든 것을 알고 있다

대부분의 직장인들은 성실하고 정직하게 살아간다. 규정 위반인지 아닌지 모르는 채 잘못을 저지르기도 한다. 때로는 거짓으로 회사에 온갖 비용을 청구할 수도 있다. 하지만 회사는 모든 것을 알고 있다. 양심에 따라 행동하라.

어느 정도 규모가 있는 회사는 필요할 때마다 감사를 실시하곤 한다. 물론 나도 감사를 받아 봤다.

한번은 법인 카드 사용에 대해 소명하라는 지시가 내려온 적이 있었는데 법인 카드로 공휴일에 택시를 사용했다는 것이다. 분명 일이 있어 회사에 출근한 것으로 기억하고 있었는데, 그날 내가 회사에 갔다는 출입 카드 기록이 없다는 것이었다. 법인 카드를 개인적으로 사용한 적이 없는데 그야말로 귀신이 곡할 노릇이었다. 온갖 방법을 동원해 개인적으로 쓴 것이 아니라는 것을 증명해야 하는데, 가장 결정적인 출입 카드 기록이 없다고 하니 도저히 방법이 없는 것 같았다.

그러나 끝내 회사 컴퓨터에서 문서를 저장한 날짜를 확인하였고, 그걸로 그날 출근했음을 증명했다. 그런데 나중에 알고 보니 정작 감사 담당자는 출입 기록을 조사하지도 않고 그냥 막무가내로 기록이 없으니 소명하라고 했던 것이었다.

회사 생활을 하다 보면 여러 유혹에 노출된다. 힘이 생기는 직급이나 위치에 있으면 그런 경우가 더 많다. 그동안 나는 책 속에 숨겨진 돈 봉투를 받았다가 돌려준 적도 있고 집으로 배달된 고급 와인을 반송한 적도 있다. 신입 사원인 당신 역시 회사를 다니다 보면 작은 유혹에 빠질 때가 생긴다.

작은 유혹을 경계하라

꼭 누구에게 뇌물을 받는 상황이 아니더라도 경우의 수는 많다. 근무 태도를 스스로 체크하는 시스템이면 휴가를 쓰고도 하루 이틀 누락해서 휴가 보상비를 받을 수도 있고 휴일 근무를 몇 시간 더 했다고 올리거나 개인적인 이유로 늦게 퇴근을 하면서 야근비를 청구할 수도 있다. 또 회사 돈으로 택시를 타고 집에 갈 수도 있다. 법인 카드로 친구와 술자리를 갖고는 접대비로 올리고 싶은 유혹도 생긴다. 관련 업체가 주는 선물을 뿌리치지 못하는 경우도 있고 술 접대를 받을 수도 있다.

회사는 기본적으로 각 개인들의 자율적인 양심을 믿는다. 또한 그 모든 것을 다 관리할 수는 없기 때문에 일일이 체크하지 못할 수도 있다. 그러나 분명 지난 일에 대해 시시비비를 가려야 하는 순간이 오기도 하고 그런 유혹에 당당하지 못했다면 대가를 받는 경우가 발생한다. 앞서 열거한 대로 사사로운 유혹에 넘어갈 때 사람들은 '그걸 어떻게 알겠어?', '이 정도는 괜찮지 않을까?'라는 순진한 생각을 하게 된다. 하지만 **회사는 모든 것을 알고 있고 또 알 수 있다.** 야근을 했는지, 야근을 하며 무슨 작업을 했는지, 지각을 했는지, 휴가를 썼는지, 주말 근무를 얼마나 했는지, 지금의 기업 시스템 정도면 모든 것을 확인할 수 있다. 출입 카드 시스템, 컴퓨터 접속 기록, CCTV 등 우리가 알고 있는 몇 가지만으로도 이미 많은 것을 알 수 있다. 접대를 받았는지 안 받았는지, 법인 카드를 실제 올바른 용도로 사용했는지 마음만 먹으면 다 알 수 있다. 다만 회사가 그런 마음을 먹지 않을 뿐이다. 혹시라도 당신을 검증

하겠다고 마음먹으면 회사는 그 모든 것을 금세 알아 낼 수 있다. 그러니 회사가 당신을 털기 위해 마음먹지 않도록 하는 것이 좋다.

굳이 이런 이야기를 하지 않더라도 대부분의 직장인들은 성실하고 정직하게 살아간다. 하지만 우리는 불완전한 인간이니까 작은 욕심이 생길 수도 있고 규정 위반인지 아닌지 모르는 채 잘못된 일을 저지르기도 한다. 나 또한 그런 유혹에 자유롭지 못하고 흔들린 적도 있다. 하지만 정작 그런 욕심들을 돈으로 환산해 보면 고작 몇만 원에서 몇십 만 원에 불과하다. 그런 작은 욕심들로 인해 더 큰 것을 잃을 수도 있다. 이것이 규정 위반일까 아닐까를 놓고 고민이 된다면 그냥 안 하는 게 상책이다. 회사가 모든 것을 알고 있어서가 아니라 그냥 제 양심에 맞게 행동한다면 그것이야말로 진짜 정답이다.

회사 생활을 하다 보면 크고 작은 유혹에 빠진다. 또한 작은 욕심에 마음이 흔들리기도 한다. 그때 굳이 규정인지 아닌지를 따지기 전에 제 양심에 맞게 행동하라.
『어리버리 신입 사원 슈퍼 루키 되는 법』
(문학세계사) 중에서

뒷담화 부메랑

직장에서 같이 일하는 동료에게 다른 동료를 욕하며 스트레스를 해소하는 일은 가혹한 결과를 초래할 수 있다. 정말 화가 난다면 그냥 집에 와서 가족에게 하거나 회사와 관계없는 친구들에게 하는 것이 좋다.

대리였을 때의 일이다. 당시 새로운 인턴이 들어왔는데 꽤 괜찮은 스펙을 갖추고 있었고 근무 태도도 좋았다. 머리도 똑똑해서 정직원이 되면 팀에 도움이 되겠다는 생각을 했다. 나는 그 인턴의 사수는 아니었지만 선배로서 이런저런 이야기들을 해주면서 제법 잘 챙겨 주었다. 나 또한 사회 경험이 길지 않았던 시절이라 내가 한 이야기들이 그에게 도움이 되었을지는 모르겠다.

그런데 어느 날 다른 팀 동료와의 술자리에서 우연히 그 인턴이 우리 팀에 대해, 또 팀장님의 업무 스타일에 대해 불만이 많다는 사실을 듣게 되었다. 동료의 이야기는 그리 심각한 수준의 내용은 아니었다. 그저 지나가는 식으로 '이런 이야기도 하더라' 하는 정도였다. 그래도 겉으로 전혀 팀에 대한 불만을 내색하지 않고 시종일관 성실하게 업무를 해왔던 인턴이었기 때문에 나로서는 그 말을 듣고 조금 놀라긴 했다. 그런 불만이 어떤 이유로, 정확히 어떤 맥락에서 나온 것인지는 전혀 알 수 없었다. 물론 그 동료도 들은 이야기이므로 자세한 내용은 모르겠다고 했다. 어쩌면 말이 와전된 것일 수도 있다고 생각했다. 하지만 문제는 그런 류의 이야기가 사람들을 거치며 더욱 곡해되고 와전된다는 데 있다. 결국 머리와 몸통은 잘린 채 '아무개는 인턴인 주제에 자기 팀장을 욕하더라'라는 꼬리만 떠돌게 되는 것이다. 시간이 흐르면서 이 이야기는 결국 팀장의 귀에도 들어간 듯했다. 그 후 인턴을 대하는 시선이 좀 달라졌기 때문이다. 결과적으로 그 인턴은 정직원이 되지 못했다.

당신도 뒷담화 대상이 될 수 있다

회사에서는 늘 뒷담화가 존재한다. 뒷담화 문화는 스마트하게 진화하여 이제는 사내 게시판이 아닌 외부 SNS 공간에서 각종 정보와 소문들을 익명으로 나누는 애플리케이션까지 등장했다. 온라인이건 오프라인이건 동서고금을 따지지 않고 어느 회사에서나 마음 맞는 사람끼리 상사나 동료를 안주 삼아 맛있게 헐뜯는 일은 흔한 모습이다.

그런데 아무리 친한 동료라 해도 회사의 동료는 불알 친구와는 다른 존재다. 언제든 나 역시 동료의 뒷담화 대상이 될 수 있기 때문이다. 또한 절대 알 수 없을 거라 생각하고 비난했던 내용을 상대방이 알게 되는 것도 시간 문제일 뿐이다. 뒷담화의 대상이 자신의 직속

아우~ 짜증 나!
어떤 신입 자식이 우리 팀은 이 차장님 없으면 좀비나 다름없다고 했답니다!
어떤 ××가?!

이 자식을 반드시 색출하겠어.
어?! 난 그렇게 말한 게 아닌데…
씩!
씩!
씩! 씩!
파르르르…

그럼 어떻게 말했는데?
아… 그게 아니고 말입니다…

상사라면 문제는 더 심각해진다. 그렇지 않다 하더라도 험담을 당한 당사자가 그 사실을 알게 되면 그와는 적이 될 수밖에 없다.

직장에서 같이 일하는 동료에게 다른 동료를 욕하며 스트레스를 해소하는 일은 사실 자신에게 가혹한 결과를 초래할 수도 있다. 정말 욕하고 싶어 참지 못하겠으면 그냥 집에 와서 가족에게 하거나 회사와 관계없는 친구들에게 하는 것이 좋다.

당신에게 직장 동료의 험담을 하지 않는 것은 물론이고 그 반대로 칭찬을 해보라. 상사 앞에서 대놓고 상사를 칭찬하는 일은 아부로 보이기도 하고 진정성도 느껴지지 않는다. 그렇지만 다른 사람에게 직장 동료의 장점을 칭찬해 보는 것은 어떨까? 당신이 자기를 칭찬했다는 사실을 알게 되면 그 동료의 기분은 어떨까? 물론 이 방법도 너무 의도적이지는 않아야 하겠지만 상사나 동료가 정말 칭찬할 만큼 좋은 부분이 있다면 그 좋은 점을 다른 동료에게 이야기해 보길 바란다. 어느 날 그 상사가 당신을 흐뭇한 눈으로 바라볼 때가 있을 것이다.

직장인의 SNS

회사를 떠날 생각이 없다면 회사를 욕하는 행위는 결국 자신에게도 손해로 돌아온다. 회사와 관련된 내용을 SNS에 올리는 일은 신중해야 한다. 회사에 문제가 있다면 우선 내부에서 먼저 문제를 해결하기 위해 노력하는 것이 순서다.

일명 '땅콩 리턴 사건'이 세간의 관심거리였다. 쉬쉬할 수도 있었던 이 문제가 이렇게 크게 불거진 이유는 무엇일까? 바로 SNS(소셜 네트워크 서비스) 때문이다.

지금은 SNS로 모든 사회, 사람이 촘촘하게 연결되어 있는 시대다. 이 사건의 시작도 이미 알려진 것처럼 '블라인드'라는 익명의 기업 SNS 서비스에 글이 올라오면서부터였다. 만약 땅콩 리턴 사건이 10년 전에 일어났더라면 아마 신문 한 귀퉁이에도 실리지 못했을 것이다. 예전 같았으면 크게 이슈화되지 못했을 일들이 SNS로 인해 엄청난 파장과 호응을 이끌어 내며 이른바 상상하지도 못한 결과를 만들어 낸 것이다. 땅콩 리턴 사건은 오너 일가의 권력 남용 문제로 상징되는 사건이다. 잘못이 있다면 시시비비를 따져 그에 합당한 처벌을 받는 것이 마땅하다. 하지만 반드시 고쳐야 하는 문제가 아니라면 회사와 관련된 내용을 SNS에 올리는 일은 신중함을 유지하는 것이 좋다. 회사에 문제가 있다면 우선 내부에서 먼저 해결하기 위해 노력하는 것이 순서다.

툭하면 SNS에 회사에서 일어난 일에 대해 시시콜콜 올리는 후배가 있다. 이름도 밝히지 않고 노골적으로 상사나 동료를 욕하고, 조금이라도 자신이 피해를 본다고 생각하면 바로 회사를 욕하는 글부터 올린다. 그런 후배를 보면 나는 회사 생활이 많이 힘들어서 그런가보다 하고 위로를 해주고 싶다가도 한편으로는 저렇게 욕하는 회사를 왜 다니고 있을까, 하는 생각이 든다.

SNS는 일기장이 아니다

직장인의 입장에서 보면 회사의 부당함을 감내해야 하는 경우는 정말 많다. 하지만 개선시키려는 노력이 먼저여야 한다. 그것도 안 되면 부당함의 표현도 필요하다. 회사를 떠나겠다는 각오로 문제를 공론화한다면 막을 재간은 없다. 하지만 회사를 떠날 생각이 없다면 자신이 몸담고 있는 회사를 비난하는 일은 결국 자신한테도 손해라는 사실을 깨닫기 바란다. 늘 회사가 불만이고 회사의 누군가가 싫어서 페이스북이나 카카오스토리에 잔뜩 욕을 늘어놓는 일은 아무런 이득도 되지 않는 유치한 배설 행위일 뿐이다. 더욱이 이런 행위들은 결국 회사의 평판을 나쁘게 만드는 일이 될 것이고, 그 손해는 당연히 자신에게도 돌아오게 된

다. 뿐만 아니라 과거에 적어 놓은 글 하나가 상사나 인사 부서의 눈에 들어가는 일도 얼마든지 가능한 일이다.

SNS에 올리는 글은 일기장에 쓰는 글과는 다르다. 복사되고 캡처되어 지우고 싶어도 지우지 못하는 상황이 발생한다. 해외에서는 심심치 않게 SNS의 글 하나가 해고의 빌미가 되는 경우를 찾아볼 수 있다.

뿐만 아니라 생각 없이 올린 사진이나 글 하나가 일파만파로 퍼져 나가 사회적 이슈가 되어 회사에 큰 손해를 입히는 일도 발생한다.

화가 나면 그냥 휴대폰 메모장에 일기를 써서 화풀이를 하거나 친한 친구에게 이야기를 하면서 푸는 편이 낫다. 회사가 싫고 회사의 누군가가 싫다고 공개적으로 SNS를 이용해 욕하는 일은 결국 자기 얼굴에 침 뱉는 일이다.

진정한 사랑은 연인의 흠까지 사랑하는 것이라고 한다. 그걸 사랑할 수 없으면 이별이 답이다. 행복하지 않은 결혼 생활은 고통이다. 회사 생활도 마찬가지다. 사랑하지 않는 회사를 월급이나 받자고 다니는 것은 회사와 당신 모두에게 해가 되는 일이다.

입사 전을 떠올려 보라. 나는 얼마나 이 회사에 들어오고 싶었는가. 들어와 보니 내가 생각한 것과 달라 실망했다 하더라도 내가 몸담고 있는 회사는 내가 사랑해 줄 수밖에 없다. 싫어서 떠나기 전까지는 계속 사랑해 줘야 한다.

일희일비하지 마라

나에게 좋은 일이 생기면 누군가는 내게 일어난 일로 인해 좋지 않은 일을 겪을 수도 있다. 내가 좋다고 해서 마냥 좋아할 것이 아니라 다른 사람의 마음을 헤아릴 수 있도록 노력해야 한다.

신입 사원의 티를 벗을 무렵 꼭 맡았으면 하는 일을 발견했다. 그 일을 맡고 싶어 나름 공부도 하고 준비를 했다. 평소 그 프로젝트를 맡고 싶다고 여러 번 이야기할 만큼 그 일은 매력적으로 보였다. 그래서 내게 그 일이 주어지기를 학수고대했다.

하지만 회사에서는 그 프로젝트를 내게 맡기기에는 아직 무리라고 판단했는지 결국 바로 위의 대리가 그 일을 맡게 되었다. 정말 아쉬웠다. 분명 내가 더 잘할 수 있는 분야였고 자신도 있었다. 한편 억울하기까지 했다. 나름 많은 준비를 했음에도 경력 때문에 밀린 것 같기도 하고, 내 능력을 인정해 주지 않는 것도 같아서 속상했다. 다음날은 휴가를 내서 출근을 하지 않았다. 그러고도 며칠을 우울하게 보냈다. 일을 맡게 된 대리는 신이 나서 일을 진행했다. 외근을 나가고 출장을 가고 바쁘게 일하는 모습을 보며 많이 부러워했다.

그렇게 일이 잘 진행되는가 싶었는데 몇 달 후 협력 업체에 큰 문제가 생기면서 프로젝트는 갑자기 중단되고 말았다. 일이 중단됨에 따라 여러 가지 문제들이 연이어 터졌다. 회사에 손실까지 발생했고 당연히 일을 진행하던 담당 대리는 곤란한 처지에 놓이게 됐다. 사실 담당자는 잘못한 것이 전혀 없었다. 문제는 협력 업체로부터 시작된 것이었고 모든 손실은 그 업체가 부담해야 하는 문제였다. 하지만 애꿎게도 열심히 일했던 담당 대리의 잘못인 듯 여겨지면서 그 대리는 아무 죄도 없이 고개를 숙이고 다녀야 했다.

내가 하고 싶은 일을 맡지 못해 실망했지만 결과적으로는 그 일을 맡지 않은 것이 득이 되었다. 회사의 일이라는 것이 이런 식으로 돌아갈 수도 있다는 것에 사회 초년생인 난 많이 놀랐다. 만약 내가 그 일을 맡았더라면 어떻게 되었을까? 정말 생각하기도 싫었다. 좋은 일이 있다고 너무 기뻐하지 말고 좋지 않은 일이 나를 찾아왔다고 해도 너무 의기소침하지 않아도 된다.

꼭 가고 싶었던 부서로 가게 되었다며 좋아하던 후배가 상사와의 문제로 몇 달 만에 회사를 나가는 모습을 보기도 했고, 빨리 임원으로 승진했다고 좋아하던 선배가 오히려 빨리 해고당하는 상황을 보기도 했다. 억울하게 회사를 나가면서 괴로워하던 동료는 회사를 옮기고 나서 자신의 능력을 인정받아 더욱 승승장구하기도 했다.

승진을 하거나 좋은 평가와 칭찬을 받더라도 자만하지 말고 너무 들 뜨지 않아야 한다. 나에게 좋은 일이 생기면 누군가는 내게 일어난 일로 인해 좋지 않은 일을 겪을 수도 있다. 내가 좋다고 해서 마냥 좋아할 것이 아니라 다른 사람의 마음을 헤아릴 수 있도록 노력해야 한다. 많은 사람에게 당신이 큰 그릇이라는 인식을 심어 주게 될 것이다.

고통이 나를 단련시킨다

상사와의 마찰이 생기거나 원하지 않는 부서로 발령을 받거나 징계를 받는 '안 좋은 일'이 나에게 닥쳤다 하더라도 너무 위축되고 오래 힘들어 하지 않기 바란다. 안 좋은 일이 생겼는데 마음까지 오래 아프면 자신만 손해다. 어차피 일어난 일을 변화시킬 수 없다면 마음만이라도 툴툴 털어 버리고 예전으로 돌아가는 것이 좋다.

시간은 지나가면 내가 겪은 고통은 나를 단련시켜 줄 것이다. 피부가 쓸리고 물집이 잡히면 잠시 그 상처는 아프겠지만 얼마 지나지 않아 딱지가 앉고 새살이 돋는다. 새살이 돋으면 아픔은 가시고, 똑같은 아픔이 왔을 때 상처를 견디는 힘이 생긴다. 마음의 상처도 똑같다. 마음의 상처 위에 새살이 올라오면 또 다른 어려움이 와도 예전과 다르게 꿋꿋이 이겨낼 수 있다. 시간이 지나면 다시 좋은 일이 찾아와 당신이 지난 날 받은 상처 자국을 어루만져 줄 것이다.

반드시 다시 만난다

사회에서 만나고 헤어진 사람들은 언젠가는, 어떻게든 반드시 다시 만나게 된다. 좋은 인연으로 다시 만나거나 악연을 끊지 못한 채로 다시 만나거나 둘 중 하나의 형태로 말이다. 당신은 어떤 만남을 원하는가?

허름한 노인이 길에서 넘어지는 모습을 보고 자신과는 상관없는 일임에도 차에서 내려 노인을 도와주는 젊은 남자가 있다. 이 남자는 오늘 꼭 성사시켜야 하는 영업 미팅이 있다. 시간이 촉박했지만 선의를 베풀고 도망치듯 영업해야 할 회사로 달려간다. 그러나 미팅 시간에 맞추지 못했고 그 때문에 화가 난 상대 회사의 부장님은 문전박대를 하며 사무실로 들어가려 한다. 때마침 누군가 사무실로 다가오는데 고객사의 부장님이 머리를 조아린다. 회장님이다. 아까 젊은이가 호의를 베푼, 바로 그 허름한 옷차림의 노인이었다. 그 다음 스토리는 말하지 않아도 알 것이다.

물론 현실에서 이런 극적인 스토리가 일어날 일은 거의 없어 보인다. 그런데 거짓말처럼, 직장 생활을 하다 보면 드라마 같은 상황이 발생할 때가 있다.

사회에서 만나고 헤어진 사람들은 언젠가는, 어떻게든 다시 만나게 된다. 좋은 인연으로 다시 만나거나 악연을 끊지 못한 채로 만나거나 둘 중 하나의 형태로 말이다.

예전에 나와 함께 일한 직장 동료는 업무를 하면서 대행사에 갑질을 하는 걸로 유명했다. 그 동료는 회사를 나가게 되었고 이직하려고 했는데, 그 회사의 고위직 임원이 바로 그 대행사 출신이라는 것을 알게 되었다. 최종 면접 전에 그가 갑질을 하던 전력이 있었다는 것은 금세 밝혀졌다. 결국 그 동료는 최종 면접을 보지도 못했다.

직장 생활은 최소 20년, 길게는 30년까지 우리가 걸어가야 할 길이다. 장수 리스크라는 말이 있을 정도로 기대 수명은 늘어나고 은퇴 후 20, 30년을 직장 소득 없이 살아가야 한다. 그러다 보니 요즘에는 빨리 돈 벌고 빨리 은퇴해서 쉬겠다는 생각은 그야말로 희망 사항일 뿐이다. 직장인으로 20년 이상을 살아간다는 것은 그만큼 많은 사람을 만나고 헤어진다는 것과 같은 의미이다. 한 직장에만 다닌다고 해도 그 시간만큼 같이 일하던 동료를 떠나보내고 또 새로운 동료를 맞이해야 한다.

평생직장이라는 개념이 사라진 지 오래여서 짧게는 1, 2년 안에 이직을 하는 사람도 많다. 새로운 직장으로 옮기면 전 직장 사람들과의 인연은 뒤로 한 채 다시 새로운 사람들을 만나게 된다. 직장 동료가 아니더라도 영업, 제휴, 협력사의 일을 통해 많은 사람들과 관계를 맺게 되어 있다. 그래서 해외 기업으로 이직하지 않는 한 자신이 맡은 분야 안에서 예전에 만났던 사람을 다시 만나게 되는 경우가 생긴다.

관계는 역전될 수 있다

그런데 오래전에 알고 있던 사람을 다시 만나게 되면 관계 자체가 예전과는 전혀 다른 양상을 띠는 경우가 있다. 이전 직장에서는 부하였는데 지금은 아쉬운 소리를 해야 하는 위치에 올라가 있기도 하고, 예전에는 갑이라고 못살게 굴던 상대방이 오히려 을의 위치가 되어 머리를 조아리며 찾아오기도 한다. 이직을 하면서 좋지 않은 인상을 남기고 회사를 떠났는데 다시 예전 회사를 찾아가야 하는 경우도 발생한다. 수많은 경우의 수가 존재하지만 중요한 것은 다른 사람들에게 각인되어 있는 자신의 모습이 어떠하냐는 것이다.

내가 만들어 놓은 평판 자체가 훌륭하다면 관계가 역전되더라도 큰 문제가 되지 않을 것이다. 그런데 문제는 많은 사람들이 앞으로 닥칠 미래를 대비하며 평판을 만들지는 않는다는 것이다. 그저 눈앞에 보이는 내 위치가 영원하리라는 것만 생각할 뿐이다.

힘이 있다고 힘없는 상대를 괴롭히면 관계가 역전되었을 때 고스란히 그 고통을 되돌려 받게 된다. 그것도 2배 이상의 강도가 될 확률이 높다. 이직의 상황에서도 마찬가지다. 보통 퇴사를 하는 경우, 퇴직하는 회사와 남아 있는 사람에 대해 좋지 않은 감정을 갖고 떠날 가능성이 높다. 그래서 복수하듯 떠나는 회사의 일을 대충 마무리하거나 관계가 좋지 않은 사람에게 상처를 주는 경우가 있다. 떠나는 사람의 입장에서는 다시 안 볼 회사, 다시는 상대 안 할 사람들이라고 생각할 수 있지만 앞서 강조했듯이 그런 생각은 큰 오산이다.

결국 언젠가 다시 만나게 되어 있다. 그리고 거짓말처럼 당신이 아쉬운 소리를 해야 하는 위치에 놓일 수도 있다. 적어도 20년 이상 직장 생

활을 해야 하는 당신이라면 눈앞의 일만을 생각하며 살아서는 안 된다.

20년, 30년 뒤를 내다보고 사람을 대해야 한다.

인간관계는 언제나 역전될 수 있다. 직장 생활을 해야 한다면, 눈앞의 일에 급급해 관계를 맺어서는 안 된다. 20, 30년을 내다보고 사람을 대해야 한다.
『어리버리 신입 사원 슈퍼 루키 되는 법』
(문학세계사) 중에서

평생의 동지 한 명

단 한 명이라도, 삶의 가치, 일의 가치를 함께 나눌 수 있는 사람을 만든다면 길고 험난한 직장 생활이 한결 든든해질 것이다.

'유붕자원방래 불역락호 有朋自遠方來 不亦樂乎.'

예전에 내가 존경했던 팀장님은 '뜻을 같이하는 동료보다 더 큰 즐거움은 없다.'라는 논어의 구절을 직장 생활에 빗대어 팀원들에게 들려 준 적이 있다. 몇 년 후에 논어 읽기가 한창 유행하게 되었고, 나는 논어를 재해석한 책을 읽으며 다시 한 번 그 문장을 만난 적이 있다.

벗이란 배움과 익힘을 함께하는 사람이다. 즉 내 삶의 가치를 함께하는 벗을 일컫는다. 옛날식 표현으로 하자면 동지요, 또는 같은 길을 걷는 동반자이다.

— 배병삼, 『논어, 사람의 길을 걷다』

직장 생활은 결코 만만하지 않다. 어쩌면 행복한 시간보다는 좌절하

는 시간이 훨씬 더 많을 수 있다. 그저 작은 행복을 위해 시간을 쓰는 것조차 버거운 날들도 많다. '가슴에 사표 하나씩 묻고 살지 않는 사람 없다'는 표현처럼 직장인들을 힘들게 하는 이유들은 수없이 존재한다.

나는 그 누구보다 일에서 의미를 찾으며 좋은 사람들과 행복하고 재미있게 직장 생활을 했다고 자부한다. 그럼에도 불구하고 때로는 내 의지와 무관하게 감당하기 힘든 시련이 찾아오기도 했고 어려움을 맞기도 했다. 아마 앞으로는 그 곱절이 되는 고난이 기다리고 있을지도 모르겠다.

길고 험난한 직장 생활을 함께할 동료

나는 이 책에서 많은 아군을 만들 필요도 없고 친구는 학창 시절에 사귄 친구로 족하다는 말을 했다. 직장 동료에게 마음을 열지 않아야 상처를 적게 받는다고 했고 사람을 따라가지 말고 실력을 키우라고 이야기했다. 그럼에도 당신과 평생을 같이 갈 수 있는 동지는 꼭 만들라고 말해 주고 싶다. 단 한 명이라도, 삶의 가치, 일의 가치를 함께 나눌 수 있는 사람을 만든다면 길고 험난한 직장 생활이 한결 든든해질 것이다. 논어의 한 구절을 알려주시던 그 팀장님이 내게는 그런 사람이다. 미천한 실력의 나에게 많은 칭찬과 믿음으로 성장을 도와주었고 나는 그런 팀장을 빛내 주고 싶어 열심히 일해야겠다고 생각했다.

20대 사회 초년생과 30대 젊은 팀장의 관계로 만났지만 회사를 떠나 마흔 넘은 지금까지도 여전히 삶의 가치와 미래에 대해 이야기를 주고받는다.

후배건 선배건 동기이건 나이 많은 상사이건, 당신과 이야기가 통하고 삶을 바라보는 가치가 같으며 업무에서도 같은 생각을 나눌 수 있는 사람이 있다면, 당신은 세상 그 누구보다 행복한 사람일 것이다. 만약 아직 그런 사람을 만나지 못했다면 직장 생활을 하는 동안 앞으로 꼭 한 명은 만들어 보라고 조언하고 싶다. 그리고 그런 사람이 있다면 관계의 끈을 절대 놓지 말기 바란다. 같은 직장에서 일하면 좋고 그렇지 않아도 상관없다.

하루 8시간, 30년 가까이 가야 할 멀고도 험한 여정이다. 그 길에 나의 삶과 일의 가치를 함께하는 평생의 동지 하나를 만드는 것만큼 중요한 일이 또 어디 있겠는가?

직장에서는 많은 아군이 필요없다. 사람을 따라가는 것보다는 실력을 키우는 게 낫다. 그럼에도 일의 가치를 나눌 수 있는 동료는 꼭 필요하다.
『어리버리 신입 사원 슈퍼 루키 되는 법』
(문학세계사) 중에서

가슴 뛰는 일을 하라

사랑하는 사람을 찾듯 사랑하는 일을 찾는 것도 중요하다. 한 번 만나면 평생을 함께해야 하는데 사랑하지 못하면 평생을 불행하게 살아야 하기 때문이다.

매년 졸업 시즌이 되면 미국의 대학교들은 유명 인사를 졸업식에 초대하여 사회로 진출하는 졸업생들에게 연설을 하게 한다. 연사들은 사회로의 긴 항해를 출발하는 졸업생들에게 자신이 걸어온 길에서 터득한 삶의 지혜를 알려 준다. 지금은 고인이 된 스티브 잡스가 2005년 스탠포드 대학교에서 한 졸업 축사는 널리 알려진 연설 중 하나이다. 여기서는 2014년 마하리시 대학교의 졸업 축사에서 코미디언 짐 캐리가 들려준 연설을 소개해 본다.

제 아버지는 사람들을 걱정에서 벗어나 웃게끔 하는 것을 좋아하셨어요. 아버지는 코미디언이 되고 싶으셨지만, 스스로 그건 불가능하다고 단단하시고 조금 더 안정적인 직업인 회계사를 선택하셨죠. 하지만 예상치도 못한 일로 나중에 회계사라는 직업을 잃게 되십니다. 이를 계기로 저는 인생의 큰 교훈을 얻었습니다. 자신이 사랑하지 않는 일 대신 안정적인 일을 선택하더라도 실패할 수 있다는 점입니다. 안정적인 일을 선택해도 실패할 수 있는데 내가 사랑하는 일을 선택하지 못할 이유는 무엇인가요? 두 가지 중 내가 사랑하는 일에 운을 맡겨 보는 게 더 낫지 않을까요? 여러분에게도 두 가지 선택권이 주어질 것입니다. 열정 아니면 두려움. 우리는 가끔 두려움 때문에 현실을 고려해 직업을 선택하는 실수를 합니다. 두려움이 아닌 열정을 선택하세요. 절대 두려움이 넘치는 가슴을 외면하지 마세요.

두려움이 아닌 열정을 택하라

사회 초년생들에게 가슴 두근거리게 하는 일이 무엇인지 묻고 싶다. 나는 사업 아이디어가 떠올랐을 때나 고민하던 일의 해결 방향이 떠올랐을 때, 또한 내가 실수했을 때 그것을 잊지 않기 위해 열심히 메모를 한다. 대중교통으로 출퇴근할 때는 자유롭게 메모할 수 있었지만 차를 몰고 출퇴근을 하면서부터는 차를 세워 놓고 메모할 때도 있다. 사회 초년생 시절에는 퇴근하다가, 밥 먹다가, 혹은 침대에 누워 있다가 떠오르는 아이디어가 생기면 다음날 아침까지 기다리기가 힘들었다. 그래서 아침 일찍 회사에 나가 상사를 붙잡고 전날 떠올린 아이디어를 이야기하기 바빴다.

칭찬을 받을 때보다 엉뚱하다거나 비현실적이라고 질책을 받을 때가 더 많았지만 그래도 아이디어를 떠올리고 상사들에게 검증받는 일이 좋

있다. 비현실적이라 혼났던 아이디어도 몇 해를 묵혀 두었다가 궁합이 맞는 상사를 만나면 실행으로 옮겨 성과를 내기도 했다. 나는 이런 일들에 가슴이 뛴다.

내가 이 자리에 설 수 있었던 유일한 이유는 내가 하는 일을 사랑했기 때문이라 확신합니다. 여러분도 사랑하는 일을 찾으셔야 합니다. 당신이 사랑하는 사람을 찾아야 하는 일 또한 마찬가지입니다.

생전 스티브 잡스는 자신이 성공할 수 있었던 이유는 일을 사랑했기 때문이었다고 겸손하게 이야기했다. 사랑하는 것을 만나게 되면 가슴이 뛴다. 사랑하는 사람을 만나면 가슴이 뛰는 것처럼 사랑하는 일을 만나도 가슴이 뛴다. 사랑하는 사람과 사랑하는 일을 찾아야 한다는 잡스의 말은 우리가 평생 이 두 가지와 함께하기 때문이다.

이 둘의 공통점은 서른 살 즈음에 만나 아주 오랜 시간을 함께해야 한다는 데 있다. 사랑하는 사람을 찾을 때 우리는 머리보다 가슴이 향하는 쪽을 택하는 경우가 많다. 사랑하는 사람을 보면 가슴이 뛰고, 가슴이 뛰는 그런 사람과 평생을 함께한다. 가끔 이런저런 문제로 싸울 때도 있겠지만 사랑하는 사람과 살아가는 것은 최고의 행복이다.

사랑하는 사람을 찾듯 사랑하는 일을 찾는 것도 중요하다. 한 번 만나면 평생을 함께해야 하는데 사랑하지 못하면 평생을 불행하게 살아야 하기 때문이다. 짐 캐리가 졸업 축사에서 말한 것처럼 하고 싶은 일을 포기하고 안정적인 직업을 택한다고 해도 실패할 수 있다. 똑같이 실패한다면 행복한 일을 하다 실패하는 게 더 낫다. 그래서 가슴 뛰게 하는, 사랑하는 일을 찾는 것이 중요하다.

나의 가슴이 향하는 곳이 어디인지, 나의 가슴을 뛰게 하는 일이 무엇인지 최대한 빨리 찾기를 바란다. 너무 많이 지체하면 시기를 놓친다. 어느 회사, 어느 부서든지 취업 준비생들은 조금이라도 더 이름이 알려지거나 연봉을 조금이라도 더 주는 회사에 들어가고 싶어 한다. 정작 자신이 어떤 일을 하면 행복할 수 있는지는 거의 고려하지 않는다.

내가 사랑할 수 있는 일, 행복할 수 있는 일을 찾으면 오히려 실패할 확률이 줄어든다. 즐겁게 일하다 보면 잘할 수 있고 결국 좋은 성과도 따라오게 마련이다. 맥킨토시를 만든 스티브 잡스도, 테슬라를 만든 엘론 머스크Elon Musk도, 페이스북을 만든 주커버그도, 구글의 레리 페이지Larry Page와 세르게이 브린Sergey Brin도 모두 안정적으로 돈을 벌기 위해 일을 하지는 않았을 것이다. 그냥 재미있고 행복한 일을 했을 뿐이고 그 결과 성공과 부와 명예가 뒤따른 것이다. 재미있게, 행복하게, 열정을 다해 일을 한 것이 지금의 그들을 있게 했다. 내 주변에 돈 벌겠다는 일념으로 사업한 사람 중에 돈 많이 번 사람을 보지 못했고, 돈 많이 번 사람 중에 일을 사랑하지 않는(일에 대한 의미나 철학이 없는) 사람을 보지 못했다.

하루라도 빨리 자신의 가슴을 두근거리게 하는 일을 찾기 바란다. 즐겁게 일한 뒤에 따라오는 성과들은 그래서 더 달콤하고 당신은 더욱 행복한 삶을 살게 될 것이다.